本书是教育部留学回国人员科研启动基金项目"法国水务企业在华FDI及对我国水务产业的影响（2015001120538）"和中央高校研究基金武汉大学自主科研项目"粮食安全视角下农业跨国公司在华FDI及其影响研究（2015）"的部分研究成果。

跨国公司在华直接投资及其影响研究：从宏观到微观

周　伟
吴先明　　　　　　　　　　　　著
（法）阿德勒·本·约瑟夫(Adel Ben Youssef)

武汉大学出版社

图书在版编目(CIP)数据

跨国公司在华直接投资及其影响研究:从宏观到微观/周伟,吴先明,(法)阿德勒·本·约瑟夫(Adel Ben Youssef)著. —武汉:武汉大学出版社,2017.4
ISBN 978-7-307-15158-1

Ⅰ.跨… Ⅱ.①周… ②吴… ③阿… Ⅲ.①跨国公司—直接投资—研究—国外 ②外国投资—研究—中国 Ⅳ.①F276.7 ②F832.6

中国版本图书馆 CIP 数据核字(2017)第 050602 号

责任编辑:黄金涛　　责任校对:李孟潇　　版式设计:马　佳

出版发行:武汉大学出版社　(430072　武昌　珞珈山)
（电子邮件: cbs22@whu.edu.cn　网址: www.wdp.com.cn）
印刷:虎彩印艺股份有限公司
开本:720×1000　1/16　印张:12　字数:167 千字　插页:1
版次:2017 年 4 月第 1 版　　2017 年 4 月第 1 次印刷
ISBN 978-7-307-15158-1　　定价:68.00 元

版权所有,不得翻印;凡购我社的图书,如有质量问题,请与当地图书销售部门联系调换。

前　言

　　2012年盛夏，我结束了在法兰西持续五年的留学生涯，获得了梦寐以求的巴黎十一大学的经济学博士学位，回到曾经培养我的母校——武汉大学任教。教师生涯从此拉开序幕。在巴黎十一大学的经济学博士学习，使我能以一种比较宏观的视角看待跨国公司在中国的直接投资；而之前在武汉大学的管理学博士学习，又使我能从微观层面关注在中国直接投资的跨国公司。因此，就有了本书的构思：从宏观到微观的不同层次来分析跨国公司在中国的直接投资及其产生的主要影响。

　　本书首先梳理了20世纪60年代国际直接投资理论产生以来的演化路径（第一章），从理论上回顾了内向型FDI对东道国经济的主要影响（第二章），即：经济增长、出口贸易和产业安全。然后，从宏观层面，借助中国省际面板数据，实证分析了内向型FDI对我国经济增长和出口竞争力的影响（第三章、第四章和第五章）。最后，从微观层面分析了跨国公司在华直接投资对我国产业安全的影响。以关系国计民生的两大关键行业——水务和粮食产业为例，在研究跨国公司在华直接投资的特征（第六章）、发展战略与竞争优势（第七章）、驱动因素（第九章）的基础上，进一步探讨了跨国公司在华直接投资及其对我国产业安全的影响（第八章、第十章）。

　　以上从管理学视角进行的微观层面的研究得到了我的导师吴先明教授的指导；以经济学为基础的宏观层面研究得到了我的法国导师Adel Ben YOUSSEF教授的指导。本书是我与两位导师合作研究的结果，在此感谢两位导师对我多年的指导和培养！

本书受到了教育部留学回国人员科研启动基金和中央高校研究基金武汉大学自主科研项目的经费支持，在此表示感谢！

在本书出版之际，要感谢武汉大学经济与管理学院的领导和同事！感谢李燕萍常务副院长在教学、科研工作中为作者提供的指导和支持！感谢工商管理系主任严若森教授、刘林青教授和杜旌教授在工作中给予作者的建议和帮助！感谢陈立敏教授、龚红教授、李梅教授、赵奇伟副教授、陈建安副教授、潘昱副教授、赵晶副教授、王罡老师、陈昊雯老师等同事对作者科研工作的支持和指导！感谢我的博士同学杨勇副教授、罗安娜副部长、胡玲燕老师、刘勇老师、许云老师、包玉泽老师、施丹老师等在本书完成过程中给予的建设性意见和帮助！感谢我的法国留学生 Boulanger MATHIEU、同门师弟师妹杜丽虹、胡翠平、邵福泽、胡博文、谢慰云等在以上研究中承担了收集相关数据、整理文献等工作。

同时，还要感谢我在法国攻博期间结识的同学，现在法国巴黎电信管理学院工作的 Grazia CECERE 副教授、在法国 ISG 国际商学院工作的 Christine PRINCE 博士、在法国尼斯大学工作的 Samy GUESMI 副教授等对我的关心和帮助！感谢巴黎十一大学的老师 Bertrand BELLON 教授、Anne PLUNKET 教授、Nicolas SOULIE 副教授等对我的帮助和支持！

最后，还要感谢我的家人给予我的关心和理解！

周 伟
Véronique Wei ZHOU
2016 年秋于武汉大学　珞珈山　东湖畔

目　录

理　论　篇

第一章　对外直接投资理论的演化路径 ⋯⋯⋯⋯⋯⋯⋯⋯⋯⋯ 3
 第一节　国际直接投资早期的主流理论 ⋯⋯⋯⋯⋯⋯⋯⋯⋯ 3
 第二节　对外直接投资理论的第一次聚焦 ⋯⋯⋯⋯⋯⋯⋯⋯ 7
 第三节　国际直接投资的动态理论 ⋯⋯⋯⋯⋯⋯⋯⋯⋯⋯⋯ 9
 第四节　国际直接投资理论的第二次聚焦 ⋯⋯⋯⋯⋯⋯⋯⋯ 12
 第五节　国际直接投资理论的整合与新发展 ⋯⋯⋯⋯⋯⋯⋯ 15

第二章　内向型 FDI 对东道国经济的主要影响 ⋯⋯⋯⋯⋯⋯⋯ 21
 第一节　内向型 FDI 对东道国经济增长的影响 ⋯⋯⋯⋯⋯⋯ 21
 第二节　内向型 FDI 对东道国出口贸易的影响 ⋯⋯⋯⋯⋯⋯ 24
 第三节　内向型 FDI 对东道国产业安全的影响 ⋯⋯⋯⋯⋯⋯ 28
 第四节　结论及未来研究的方向 ⋯⋯⋯⋯⋯⋯⋯⋯⋯⋯⋯⋯ 33

宏　观　篇

第三章　后 WTO 时代内向型 FDI 对我国经济增长的影响 ⋯⋯⋯ 37
 第一节　文献回顾 ⋯⋯⋯⋯⋯⋯⋯⋯⋯⋯⋯⋯⋯⋯⋯⋯⋯⋯ 38
 第二节　计量模型与数据说明 ⋯⋯⋯⋯⋯⋯⋯⋯⋯⋯⋯⋯⋯ 42
 第三节　实证结果分析 ⋯⋯⋯⋯⋯⋯⋯⋯⋯⋯⋯⋯⋯⋯⋯⋯ 46

第四节　结论 …… 53

第四章　内向型FDI对经济增长的动态影响：基于20年省际面板数据的实证 …… 55
第一节　理论模型：FDI对当地企业的影响机制 …… 56
第二节　实证模型与数据来源 …… 58
第三节　实证检验 …… 60
第四节　总结与讨论 …… 65

第五章　内向型FDI对中国出口竞争力的影响 …… 67
第一节　中国出口竞争力的演进 …… 69
第二节　相关文献回顾 …… 71
第三节　理论模型的实证检验 …… 73
第四节　结论与启示 …… 76

微观篇

第六章　跨国公司在华直接投资的特征研究：以法国企业为例 …… 81
第一节　法国企业在华直接投资的现状 …… 81
第二节　相关文献回顾 …… 85
第三节　法国企业在华直接投资的特征 …… 87
第四节　启示 …… 90

第七章　跨国水务公司在华FDI的发展战略与竞争优势 …… 93
第一节　FDI与竞争优势理论回顾 …… 94
第二节　跨国水务公司在华FDI的发展战略 …… 95
第三节　跨国水务公司在华FDI的竞争优势 …… 113
第四节　结论与启示 …… 115

第八章　跨国水务公司对我国产业安全的影响及对策 …………… 117

第一节　国内外水务产业研究的文献回顾 ………………………… 117
第二节　跨国水务公司在华 FDI 的发展阶段 ……………………… 119
第三节　跨国水务公司在华 FDI 对我国水务产业安全的影响 …… 123
第四节　促进我国水务产业发展的对策 …………………………… 125
第五节　结论 ………………………………………………………… 128

第九章　跨国粮商的发展战略及驱动因素研究
——基于日本丸红的案例研究 ………………………………… 130

第一节　跨国公司的发展战略与驱动因素 ………………………… 131
第二节　研究设计与方法 …………………………………………… 135
第三节　跨国粮商丸红的发展战略 ………………………………… 137
第四节　关键性驱动因素 …………………………………………… 141
第五节　结论与启示 ………………………………………………… 142

第十章　农业跨国公司的竞争优势及对我国粮食安全的影响 …… 146

第一节　农业跨国公司在华的发展及竞争优势 …………………… 147
第二节　我国粮食安全的度量指标及现状 ………………………… 153
第三节　农业跨国公司对我国粮食安全的影响 …………………… 160
第四节　结论与启示 ………………………………………………… 168

参考文献 ……………………………………………………………… 171

理 论 篇

第一章　对外直接投资理论的演化路径

垄断优势理论的提出打开了国际直接投资理论的发展之门，在此基础上，先后出现了以内部化理论、技术转移理论等为代表的一系列基础理论。这些理论从不同角度分析了跨国公司的对外直接投资行为，这些看似发散的"理论束"从 20 世纪 70 年代末开始"汇聚"到 OLI 折中范式理论中。自此至今，不论是国际商务（International Business，简称 IB）领域的宏观研究者——经济学家，还是微观视角的分析者——管理学家，都是在 OLI 折中范式的基础上，整合相关的理论，对其进行理论补充和实证检验。

第一节　国际直接投资早期的主流理论

一、垄断优势理论

20 世纪 60 年代以前，主流经济学家将跨国公司简单地视为"资本套利者"，他们从资本回报低的国家流向资本回报高的国家（Jones，1996，2005）。直到 1960 年迎来了一个重大的理论突破，斯蒂芬·海默（Stephen Hymer）表达了对用投资组合资本转移来解释企业国际运营的不满意。海默指出，一旦存在风险和不确定性，汇率波动、获取信息和达成交易的成本变化，古典投资组合理论的预测都可能失效。这是因为市场不完全性改变了企业绩效和他们服务国外市场的战略（Dunning，1993）。海默在麻省理工学院的博士论文《国内企业的国际经营：对外直接投资的研究》完成于1960年，在他的导师查尔斯·金德尔伯格（Charles Kindleberger）的帮助下，直到1976年才发表。"'海默——金德尔伯格'假说"在20世纪70年代早期被定义、检验和发展。

海默是第一个认识到FDI（Foreign Direct Investment，对外直接投资）涉及一系列资源转移的人。这些资源包括技术、管理技能、企业家精神，而不仅仅是资本。FDI最基本的特征是它没有资源所有权的变化，而间接投资通过市场交易改变了资源的所有权。海默认为跨国公司是取代市场，转移知识、商业技术和技能劳动者的工具（Hymer，1960）。海默最大的贡献是将工业组织方法运用到国际生产理论。在国外市场，当地企业被认为拥有较多的有关当地市场、资源、法律和政治系统、语言和文化等方面的知识。这样，外国企业如果没有一种竞争优势将没有动机进入当地市场或无法在当地市场生存。海默指出，这些外国企业不得不拥有一些专有优势以克服相对于当地竞争者的外国劣势。这些企业特定优势，也被称为所有权优势。

跨国公司是市场不完全性的产物，要建立跨国公司理论，必须摒弃传统理论的完全竞争假设。市场的不完全性包括：（1）由于商品特异、商标、特殊的市场技能或价格联盟等原因造成的产品市场的不完全；（2）由于特殊的管理技能、在资本市场上的便利以及受专利制度保护的技术差异等原因造成的要素市场的不完全；（3）由于规模经济造成的市场不完全；（4）由于政府的有关税收、关税、利率和汇率等政策原因造成的市场不完全。市场的不完全性使跨国公司拥有垄断优势，这种垄断优势是跨国公司对外直接投资的决定因素。跨国公司不仅能够利用他们觉察到的市场不完全性，而且能够利用他们的所有权优势创造市场不完全性。

所有权优势的类型根据产品和行业的不同而不同。在制造业，先进技术和创新能力在生产产品的过程中特别重要。所有权优势可以产生于企业内部，或从外国竞争者处获得许可技术，或购买一个完整的外国企业。海默的研究兴趣在于将企业国际扩张作为培育企业垄断能力的工具，而不是降低成本、提高产品质量或培育创新。海默认为，跨国公司的垄断优势具体表现在五个方面：一是技术优势，包括生产秘密、管理组织技能和市场技能；二是工业组织优势，主要包括规模经济、寡占市场结构和行为；三是易于利用过剩的管理资源的优势；四是易于得到廉价资本和投资多样化的优势；五是易于得到特殊原材料的优势。正是存在垄断优势，跨国企业才能克服海外投资的附加成本，抵消东道国当地企业的优势，确保海外投资活动有利可图。

二、内部化理论

在海默的基础上，英国学者巴克利（P. J. Buckley）和卡森（M. Casson）将科斯（Coase）关于多厂企业的交易成本理论运用于国际化的背景，在其专著《跨国公司的未来》中系统地提出了内部化理论。

交易成本理论提供了另一个看待跨国公司增长动因的视角。科斯试图解释企业的边界，他认为企业和市场代表了不同的组织生产的方法。交易成本理论认为，市场在一些类型的交易中是高成本、低效率的。市场交易成本包括定价、签订市场交易合同等。当在企业内部组织和实施这些交易的成本低于市场交易时，他们就会将其内部化。企业将交易内部化直到这样做的边际成本超过边际收益。

内部化理论强调的不是市场的不完全性如何导致企业拥有垄断优势，而是强调市场的不完全性如何使企业将垄断优势保留在企业内部，并通过企业内部使用而取得优势的过程。当这一过程超越国界便会形成跨国企业。内部化理论认为，中间产品市场上的不完全竞争，是导致企业内部化的根本原因。这些中间产品，不只是半成品、原材料，更为重要的是专利、专用技术、商标、商誉、管理技能和市场信息等知识产品。由于中间产品市场的不完全，企业在进行知识产品的外部交易时，存在着泄密的危险和定价的困难，企业为了克服这些障碍需要付出高昂的交易费用，所以外部市场对于中间产品的交易既是昂贵的，又是低效的。企业不得不以内部交易机制来取代外部市场，将知识产品的配置和使用置于统一的所有权之下，并在对外直接投资中加以利用，从而降低交易费用，使企业的技术投资获得充分的报偿。

内部化理论可以用来解释跨国垂直和水平整合模式。上下游生产中有形中间产品的内部化能解释采矿和制造业、农业和食品制造、零部件生产和整车组装等上下游之间的垂直整合。无形资产的内部化，如知识和名誉能解释跨国水平整合的模式。内部化能避免市场定价的困难和专有资产的市场交易。内部化能帮助企业规避政府制定的市场不完全性，如：贸易壁垒、差别税制和限制资本流动等。因此，在内部化理论中，跨国公司代表了一种整合和提高世界经济中社会福利的力量，而不是串通、垄断和敲诈的源泉。

三、技术转移理论

通过 FDI 转移最频繁的无形竞争力之一就是技术（Blomstrom & Kokko，1996b；Blomstrom，Kokko & Zejan，1994）。技术转移能加速经济发展，如增加产品生产的高附加值，促进出口和提高效率。跨国公司拥有许多专利，世界上大多数 R&D 活动发生在跨国公司内部。因而，跨国公司拥有很多促进行业和经济发展的技术。这些技术竞争力难以通过市场交易获得，FDI 是发展中国家获取这些技术竞争力最快、最有效，有时甚至唯一的方式。跨国公司也在转移技术、知识和经验到当地工厂中扮演着核心角色，这主要通过雇佣当地职员和管理者来实现。

跨国公司拥有高效率的组织，表现在通过培训、雇佣高水平的员工，与母公司和其他子公司有效地沟通，以及更加全球化的视野。基于这些特征,他们能够在全球范围内思考战略,并整合复杂的生产网络。这种跨国生产网络的整合能给发展中国家提供优势(Blomstrom,Kokko & Zejan,2000)。跨国公司帮助他们改善仓储、交通、市场管理等,从而获得更便宜的物流、更高质量的产品和更完备的信息。更重要的是,发展中国家能够运用跨国公司在世界范围的渠道销售产品。因此,跨国公司的存在能促进发展中国家向国外市场的渗透。

从宏观层面来看,内部化意味着跨国公司主导的 FDI 可能鼓励政府采用更加合理和竞争导向的经济政策(Dunning & Narula,1996)。在微观层面,跨国公司能对东道国经济产生各种外溢。跨国公司在发展中国家的外溢主要分为两类:行业内外溢(Intra-industry spillovers)和行业间外溢(Inter-industry spillovers)(Blomstrom & Kokko,1996)。行业内外溢的影响是通过迫使低效率的企业采用更加有效的方法来提高行业竞争力。跨国公司进入当地市场迫使当地企业变得更加有效和更早地引进新技术。当培训过的员工回到当地企业工作时,会加速当地企业的技术转移以掌握这些技术。行业间外溢是对供应商和消费者的影响。发生在跨国公司与其供应商之间的后向外溢,包括跨国公司的技术、知识和标准等。跨国公司通过示范新技术,提供技术支持,培训管理者和工人的方式向其供应商产生技术外溢效应,促进了当地企业技术水平和生产率的提高。

第二节　对外直接投资理论的第一次聚焦

在垄断优势理论、内部化理论和技术转移理论之后,国际直接投资理论出现了第一次聚焦,即 OLI 折中范式理论。1977 年,英国学者约翰·邓宁(J. H. Dunning)发表著名论文《贸易、经济活动的区位和跨国企业:折中理论探索》,提出了折中范式理论。邓宁强调,对外直接投资、对外贸易以及向国外生产者发放许可证往往是同一企业面临的不同选择，不应将三者割裂开来。应该建立一种综合性的理论，以系统说明跨国公司对外直接投资的动因和条件。他把自己的理论称为折中理论，其意图是要集百家之长，熔众说于一炉，建立跨国公司的一般理论。他将不同的理论方法整合到折中范式中，试图解释所有形式的国际投资。

邓宁把跨国公司拥有的优势分为三个方面的特定优势，用以系统说明跨国公司对外直接投资的动因和条件，从而把自海默以来的跨国公司理论以及赫克歇尔—俄林的新古典国际贸易理论结合成一个统一的分析框架。这三个方面的特定优势是所有权优势（Ownership-specific advantages）、区位优势（Location-specific advantages）和内部化优势（Internalisation advantage），简称OLI。所谓所有权优势，是指跨国公司拥有的各种资产及其所有权形成的特定优势。自20世纪60年代开始，文献中共提到三种类型的所有权特定优势，分别是：（1）公司具有的垄断势力，可以阻止潜在竞争者进入市场的能力；（2）公司具备的稀有的、独一无二的、可持续的资源和能力，这表现为企业比竞争对手拥有较先进的技术效率。识别和评估这些竞争优势是资源基础观（RBV）和企业演化理论（evolutionary theories of the firm）的主要贡献之一（Dosi, Nelson, & Winter, 2002）；（3）企业管理者的竞争力，表现在识别、评估和利用世界的资源和能力方面。

折中范式理论中，国家的区位优势被作为跨国公司对外直接投资的决定因素。区位优势包括自然要素和创造性资源要素的空间分布、市场，投入品的价格、质量和生产率（如：劳动、能源、半成品、零部件等），国家的战略和经济制度（如：商业、法律、教育、交通和交流工具、意识、语言、文化、商务和政治差异等）（Dunning, 1981, 1988, 1992; Ghoshal, 1987）。区位优势包括直接区位优势和间接区位优势两种类型。直接区位优势是指东道国的某些有利因素形成的区位优势，比如低廉的劳动成本、广阔的销售市场、政府的优惠政策以及获得原材料的便利等；间接区位优势是指东道国的某些不利因素形成的区位优势，比如出口运输成本过高、贸易壁垒等。所谓内部化优势，是指跨国公司将其拥有的资产及其所有权加以内部使用而带来的特定优势。内部化的根源在于外部市场的不完全性。邓宁把市场的不完全划分为结构性市场不完全和知识性市场不完全两种类型。结构性市场不完全是指由于竞争壁垒、交易成本高昂而导致的市场不完全；知识性市场不完全是指由于生产和销售的有关知识和信息不易获得而导致的市场不完全。

跨国公司是遍布全球的产品和要素市场不完全性的产物，市场不完全导致跨国公司拥有特定的所有权优势，所有权优势是保证跨国公司补偿国外生产经营的附加成本并在竞争中获得成功的必要条件。所有权优势还不足以说明企业为什么一定要到国外进行直接投资，而不是通过发放许可证或其他方式来利用它的特定优势，必须引入内部化优势才能说明对外直接投资为什么优于许可证贸易。仅仅考虑所有权优势和内部化优势仍然不足以说明企业为什么把生产地点设在国外而不是在国内生产并出口产品，必须引入区位优势，才能说明企业在对外直接投资和出口之间的选择。企业拥有的所有权优势、内部化优势和区位优势，决定了企业对外直接投资的动因和条件。

邓宁的 OLI 折中范式理论几乎包容了跨国公司理论的几大主要流派，被称为国际直接投资的一般理论。折中理论的形成，标志着国际直接投资理论进入了一个相对成熟和稳定的阶段。从 20 世纪 70 年代一直到现在，国际直接投资领域的学者大多是对邓宁的 OLI 折中范式进行补充和验证。

第三节　国际直接投资的动态理论

国际直接投资的基础理论大多从静态的视角研究跨国公司的对外直接投资活动。在历史的长河中，任何宏观层面的经济行为和微观层面的管理行为都是变化的，动态的。将跨国公司的国际直接投资行为放置于历史的进程中，由此产生了以产品生命周期理论、乌普萨拉国际扩张模型等为代表的国际直接投资动态理论。

一、产品生命周期理论

美国经济学家弗农（R. Vernon）于1966年5月在《经济学季刊》上发表重要论文：《产品周期中的国际投资和国际贸易》，提出了独具特色的产品生命周期理论。弗农认为，垄断优势理论还不足以说明企业在出口、许可证和国外子公司生产之间的选择，其理论分析只停留在静态的阶段。应该将企业的垄断优势和产品生命周期以及区位因素结合起来，从动态的角度考察企业的海外投资行为。

弗农把产品的生命周期分成三个阶段：即新产品阶段、产品成熟阶段和产品标准化阶段。在新产品阶段，新产品刚开发上市，为了与消费者、供应商紧密联系，由于生产的不确定和产品的低价格弹性，企业通常会选择在国内生产。在产品成熟阶段，产品趋于成熟，技术很难被保护，价格弹性增加，基于技术的长期生产成为可能。企业开始在其他拥有较大市场机会的工业化国家寻找生产成本较低的区位。这样，企业就从内向型的本地企业变成了外向型的对外直接投资公司。在产品标准化阶段，成本最低变成了优先选择，企业倾向于把生产转移到发展中国家，取代母公司的出口，甚至出口到产品原来的发明国。在这个阶段，产品和生产过程已经完全标准化，竞争进一步加剧，企业会将制造过程放到劳动力成本更低的国家。

弗农的研究聚焦于"二战"后美国在欧洲的投资。当美国企业向国外投资变得经济可行时，它们将首选西欧市场。因为西欧的需求模式与美国相似，而且其劳动力成本在当时相对较低。图1-1描述了美国的生产、消费以及贸易方式。从 t_0 到 t_1 是新产品阶段，这时美国企业在国内生产产品，没有贸易； t_1 到 t_2 是产品成熟阶段，美国企业开始寻求国外市场，将产品出口国外，在一定阶段后，开始在其他成本更低的国家生产，需要部分进口以满足本国的消费；而从 t_2 开始产品进入标准化阶段，越来越多的企业选择在国外生产，这时美国本国的生产已经无法满足本国的市场需要，需要大量从国外进口。

FDI 的产品生命周期理论将动态性引入到垄断优势理论中，认为发展中国家将从成熟、标准化的产品中获得比较优势。而且，技术转移主要发生在产品生命周期的成熟阶段。

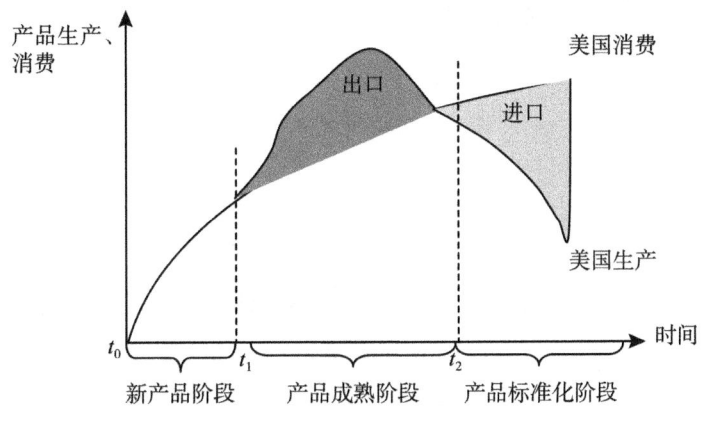

图 1-1 产品周期理论中美国的贸易方式

二、乌普萨拉国际扩张模型

20 世纪 70 年代，瑞典乌普萨拉 Uppsala 大学的 Jan Johanson 和 Jan-Eric Vahlne 提出了国际扩张模型。该理论将进入外国市场的过程看作是一个动态的学习过程。公司先在外国市场进行最初的资源投入，并且通过这种投资来获取当地的市场知识——关于顾客、竞争者和政府管制的情况。在获得这些市场知识的基础上，公司就有能力来评估它现在的经营活动、市场投资范围和增加投资带来的机会，从而作出进一步地决策。然后，进行一系列的资源投资，可能购买当地的分销商或在当地投资建厂，这样公司将获得更多的市场知识。通过几次这样的循环，公司就逐渐获得了开发当地市场所必需的能力和知识，成为东道国一个有效的竞争者。图 1-2 描述了乌普萨拉模型中国际化学习的循环过程。

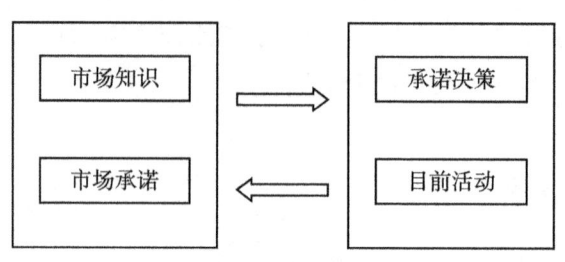

图 1-2　国际化的学习模型

第四节　国际直接投资理论的第二次聚焦

随着动态性思维地加入，国际直接投资理论形成了第二次聚焦，即投资发展路径理论。经过三轮完善（Dunning and Narula，1996；Narula and Dunning，2000；Narula and Dunning，2010），国际直接投资领域的"巨匠"邓宁（Dunning）将 OLI 折中范式理论和其他动态理论进行融合，形成具有划时代意义的第二次汇聚。

邓宁的投资发展路径（Investment Development Path，简称 IDP）理论可以总结如下：（1）FDI 行为的本质、程度和结构与投资东道国及其经济结构之间存在着系统关系，这一关系又反映出了东道国的经济发展水平；（2）当地企业的所有权优势、跨国公司的所有权优势、东道国的区位优势等三组竞争优势之间存在相互影响。这三组竞争优势之间的动态作用是促进跨国公司发展的本质；（3）对这些关系的分析可以将 FDI 活动划分成五个阶段，这五个阶段可以在所有国家观察到。

一、IDP 的五个发展阶段

IDP 模型最初是用于揭示 FDI 和经济发展之间的关系，运用著名的 J 曲线反映净外向型投资（net outward investment，简称 NOI）随一国国内生产总值 GDP 的发展而变化的动态过程（如图 1-3 所示）。邓宁认为，每个国家都有自己独特的、唯一的投资发展路径，经历投资发展阶段的过程也是独特的。在第一阶段，当一国经济发展水平较低时，它只能吸引少量的跨国公司对内直接投资，同时，外向型 FDI 的发展也非常缓慢。处于第一阶段的国家需要具备一定门槛水平的区位优势以吸引 FDI 来促进增长。很少有东道国企业具有所有权优势。在第二阶段，内向型 FDI 发展速度较快，外向型 FDI 也显著上升，但两者的差距仍然很大。市场寻求型 FDI 的增长主要是吸引外资在劳动密集型制造业的投资。跨国公司具备了生产低成本、标准化产品的能力，或者基于母国自然资源的特定所有权优势。在第三阶段，内向型 FDI 趋于缓慢增长，而外向型 FDI 增长迅速，两者的差距逐渐缩小。行业内贸易和投资迅速增加。增加的内向型 FDI 能为东道国市场提供更多的成熟产品，需要更多的熟练技术工人。而在第四阶段，外向型 FDI 超过内向型 FDI，净外向型 FDI 由负转为正。在第五阶段，外向型 FDI 和内向型 FDI 会逐渐达到平衡。在最后两个阶段，内向型 FDI 与外向型 FDI 之间取得平衡。外资更多投资于知识密集型行业，出现了较多的跨国并购和战略联盟。

二、IDP 不同发展阶段中 OL 的变化

在国际直接投资理论的第二次聚焦中，一个核心点是邓宁将对外直接投资的发展路径与 OLI 折中范式理论结合起来，论述了跨国公司对外直接投资的三大特定优势中的所有权优势（O）和区位优势（L）随着

国际投资发展阶段的变化而变化的特征。具体论断如表 1-1 所示。

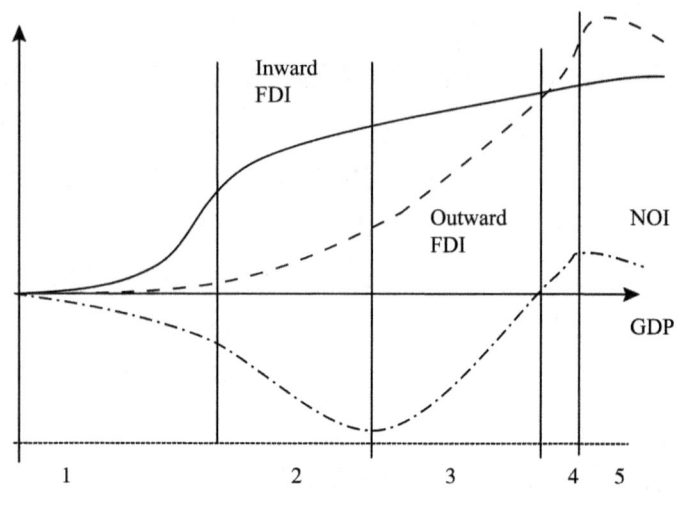

图 1-3　投资发展路径的阶段

表 1-1　　　　　　　投资发展阶段中的 OL 变化

	阶段 1	阶段 2	阶段 3	阶段 4 和阶段 5
经济主导	以自然资源为基础	投资驱动	创新驱动	知识经济，知识和服务密集型
企业的所有权优势（O）	很少的国内企业拥有所有权优势	具备生产低成本、标准化产品的能力，或者基于母国自然资源的特定所有权优势	较强的国内产业，生产差异化产品或适应当地消费者需求的能力，有限的产品和过程创新	国内企业拥有较强的创造性资产所有权优势，跨国公司内外网络的合作；开放创新的重要性

续表

	阶段 1	阶段 2	阶段 3	阶段 4 和阶段 5
母国的区位优势（L）	具备较少的区位优势；以自然资源为主；基础设施支持显得尤为重要；政府的角色在于建立法律和商务系统	区位优势增加；低工资成本；自然资源；当地产业集聚和供应能力；教育、交通和信息交流技术基础设施的重要性增加	创造性资产区位优势增加；企业家精神；大的更加成熟的市场；政府的角色在于经济重组和加强市场竞争；增加非正式制度的重要性	较强的创造性资产区位优势；供给能力、支持性服务、市场便利性服务的重要性增加；政府的角色在于最小化交易成本、支持创新、培育经济重组、增加非正式制度的重要性

备注：根据 Narula and Dunning（2010）整理。

第五节 国际直接投资理论的整合与新发展

在经历了两次聚焦之后，国际直接投资理论进入了新的发展阶段。越来越多的学者专注于对外直接投资的发展新趋势，将其他相关理论与传统的国际直接投资理论进行整合，以求从新的视角分析新兴的对外直接投资现象。

理论的发展始终滞后于实践。传统的国际直接投资理论大多基于第二次世界大战后美国跨国公司对西欧国家的对外直接投资研究。其中，国际直接投资领域内最有开创意义的两个理论——海默的垄断优势理论及邓宁的 OLI 折中范式理论都是基于美国企业在英国制造业的直接投资活动。而今，发展中国家的对外直接投资活动已经蓬勃发展，作为后起国家,同时面对着发达国家成熟跨国公司的对外直接投资和新兴发展中国家初生跨国公司的快速国际化。当前国际直接投资领域如此复杂的国际环境和多元化的参与者,正推动着国际直接投资理论的新发展。

一、资源基础观在 IB 领域的扩展

作为公司理论中主导理论之一,资源基础观从一个全新的视角看待企业的内生增长(Dunning, 2003a; Pitelis, 2002; Rugman & Verbeke, 2002)。资源基础观被运用于国际商务(IB)领域,跨国公司的出现被认为是企业边界超越国界的增长过程的结果(Dunning & Lundan, 2008)。资源基础观认识到有形资产和无形资产的重要性。在过去二三十年里,企业有形的资源和无形的能力变得更加知识密集。知识被认为是企业关键的、特定的能力。国际知识和经验被视为有价值的、独一无二的和难以模仿的资源,而且仅仅存在于全球竞争的幸存者中(Peng, 2001)。

二、制度理论与 OLI 折中范式的整合

20 世纪 90 年代和 21 世纪初,管理学者和经济学家的注意力开始转向制度和关系资产(Peng, Wang, & Jiang, 2008)。在宏观层面,国际商务领域的经济学家实证分析了制度在经济增长中的角色,及国家层面的制度怎样影响跨国公司和当地企业的行为(Henisz, 2003; Maitland & Nicholas, 2003; Peng, 2002, 2003)。在微观层面,管理学者开始关注跨国公司子公司如何获得合法性,分别从母公司的视角和东道国价值和制度的视角进行了研究。这些研究基于制度距离和三种制度类型的框架分析了制度对跨国公司子公司的区位选择与生产的影响。三种类型的制度是指规范(normative)、规制(regulative)和文化认知(cultural-congnitive)(scott, 2001)。罗斯(North)认为制度包括宪法、

法律和规章等正式制度与行为规范、习俗、个人行为准则等非正式约束。只有同时考虑正式制度和非正式制度时，这个制度系统才是完善的。

制度对 OLI 折中范式的三个竞争优势都产生影响。最直接的联系是制度在解释国家层面的经济增长和区位优势中的重要作用。Rodrik 等（2002）比较了经济增长的三组决定性因素，分别是地理测量（包括气候、自然资源、灾害负担、交通成本等）、国际贸易和经济开放的模式和程度、制度（产权、法律、社会基础设施等），实证结果表明，制度起到了关键性的作用。内部化优势也可以看作是微观层面的制度化，它广泛关注一些领域，如：比较组织交易中不同形式的效率。在 OLI 折中范式中，最困难的是将所有权优势与制度结合起来。所有权优势需要我们在一定程度上识别企业层面的制度，识别这些所有权优势是来源于制度（Oi），还是资产（Oa）或交易（Ot）（Dunning，2004）。一些制度所有权优势表现为企业特有的规范、价值和执行机制，被称为"企业文化"；另一些制度所有权优势受到企业外在的价值和规范的影响，特别是企业所嵌入的人力资源环境（Noorderhaven and Harzing，2003）。同时，需要将 OLI 折中范式的三种竞争优势放入发展和动态的框架中进行研究，如：t 期的资产所有权优势和制度所有权优势可能会影响内部化优势、资产增值和利用的模式、$t+1$ 期可供选择区位的区位优势。同样的，t 期的企业正在运营区位的区位优势可能影响企业 $t+1$ 期的所有权优势和内部化优势。

三、新兴市场国家的对外直接投资

基于 2007 年的世界投资报告，邓宁预测，未来 20 年，FDI 增长最快的国家或地区是几个发展中国家和转型经济体，特别是中国、印度和一些非洲国家。第三世界国家将成为跨国公司活动的主导目的地。跨国 FDI 的新形式将不断增加，如独立财富基金、私有股权资本、移民投资、家族企业和天生国际化投资者（Dunning，2009）。随着中等收入发展中国家真实劳动力成本的上升，这些国家对非技能或半技能劳动密集型 FDI 活动的吸引力将下降。但是，技能型劳动者的质量和有效性可能增加。这就需要这些 FDI 接收国家的制度基础建设不断地升级和重构。邓宁预期，正在工业化的大国如中国和印度的自然资源寻求型 FDI 将不断增长，特别是针对非洲撒哈拉地区的石油和硬矿物质等。

近年来，我国企业对外直接投资发展迅速，2014 年中国对外直接投资额达 1029 亿美元，首次突破千亿美元，同比增长 14.1%，继续保持世界第三位。2014 年，我国实际使用外资金额 1195.6 亿美元，同比增长 1.7%。中国对外直接投资额和吸收外资额相差仅 160 多亿美元。2014 年中国对发达国家投资同比增长较快，对美国投资增长 23.9%，对欧盟投资增长 1.7 倍，远远高于总体增速。而且，同期中国服务业对外投资也明显上升，同比增长 27.1%，占对外投资比重接近三分之二。就我国直接投资的存量来看，我国投资区位最多的地区是中国香港，其次是新加坡，然后是中国澳门，第四是缅甸。我国对外直接投资主要集中于亚洲、拉美等两个区域，占主导地位的行业是租赁和商务服务业。根据《2013 年中国对外直接投资统计公报》，中国对外直接投资累计超过 100 亿美元的行业包括：租赁和商务服务业，金融业，采矿业，批发和零售业，交通、仓储和邮政业，制造业等，以上六个行业的累计投资存量达 2801.6 亿美元，占中国对外直接投资总存量的 88.3%。资源寻求型 FDI 已经跌出我国对外直接投资的前三名，排在租赁和商务服务业、金融业、批发和零售业之后。当前，我国企业进入国外市场主要采用跨国并购和绿地投资的形式，我国企业国际化的动因、绩效、速度和广度等也成为了学术界研究的焦点。未来我国将进一步加大对外投资力度，鼓励优势产业和富余产能向国外转移。

而另一个发展中大国印度在 FDI 的发展也同样引人注目。联合国贸发会议（UNCTAD）发布的《2015 世界投资报告》中指出，2014 年印度再次跻身十大外国直接投资（FDI）接收国之列，这是印度自 2008

年之后首次进入前十。2013 年，国大党领导的印度政府对外商直接投资通讯、房地产、石油精炼、多品牌零售、航空及国防产品等领域采取了限制措施，致使印度吸引外资下降。2014 年，印度以 22% 的增速吸收了 340 亿美元外国直接投资，跃居世界第九位。前两年，印度排名一直为第十五位。但印度外国直接投资总额仍未超过 500 亿美元。

国际直接投资是一个与当前经济全球化紧密联系的研究领域，是国际商务研究中重要的组成部分。基于国家、区域层面研究的经济学家和深入企业微观层面研究的管理学者正在结合当今国际商务的实践，将国际直接投资理论的发展推向新的研究高潮。

四、国际直接投资理论的演化路径

从国际直接投资理论的发展脉络来看，主流的国际直接投资理论经历了两次聚焦和多重整合的过程，其演化路径如图 1-4 所示。

海默运用工业组织方法研究国际生产，形成了国际直接投资领域的开创性理论——垄断优势理论。巴克利和卡森将科斯的交易成本理论运用于国际生产研究，得出了迄今为止仍被广泛研究的内部化理论。在内部化理论的基础上，一些学者专注于技术的内部化，从而形成了技术转移理论。邓宁对以上主流理论进行了综合，形成了 IB 领域的经典理论——OLI 折中范式理论，该理论可以称得上国际直接投资理论史上的"第一次聚焦"。

之后，国际直接投资的动态性特征逐渐引起学界的重视。弗农从产品生命周期的角度对国际生产进行研究，形成了产品生命周期理论。瑞典乌普萨拉大学的两名学者对企业国家化的过程进行研究，形成了著名的乌普萨拉国际扩张模型。而这些动态性理论后来再一次聚焦到国际投资发展路径理论中，该理论将一国的国际直接投资划分为五个发展阶段，综合分析了各个发展阶段企业的所有权优势、母国的区位优势、国家经济发展水平、一国内向型 FDI 和外向型 FDI 的发展趋势等，堪称从宏观经济层面和微观企业层面全面、动态地整合了国际直接投资的众多理论，可以将其称之为"第二次聚焦"。

在这以后至今，国际直接投资的实践仍然在快速发展，催生理论界寻求新的理论视角分析新兴的对外直接投资现象，这时出现了其他理论、新兴现象与传统国际直接投资理论的"多重整合"过程，如：资源基础观、制度理论、新兴市场国家的 FDI 等。

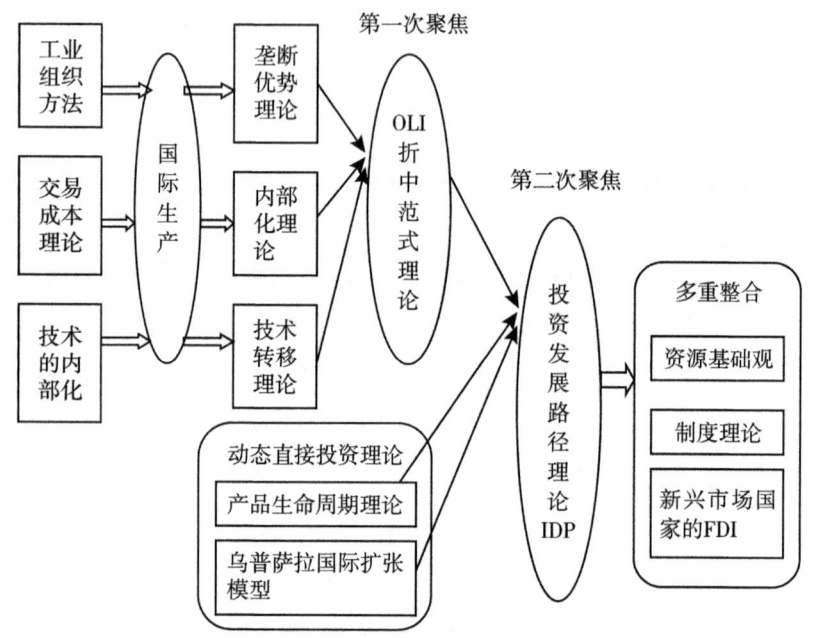

图 1-4　国际直接投资理论的演化路径

第二章 内向型 FDI 对东道国经济的主要影响

随着发展中国家吸引外资的增长,跨国公司在东道国直接投资的影响引起了学者和政府的广泛关注。本章分别回顾了现有文献中有关内向型 FDI 对东道国经济增长、出口贸易和产业安全影响的研究。通过归纳总结,探索未来研究的方向。

第一节 内向型 FDI 对东道国经济增长的影响

内向型 FDI 对东道国经济增长的影响,一直是学术界和政府部门关注的热点问题。国内外学者采用不同国家、不同行业的数据,对这一问题进行了深入地研究,但众多实证分析得出了不同的研究结论。一部分学者认为,内向型 FDI 对东道国经济增长具有促进作用;而另一部分学者却得出了完全相反的结论,认为内向型 FDI 不利于东道国经济增长;还有一部分学者认为,内向型 FDI 对东道国经济增长并没有显著的影响。近年来也有一些学者开始聚焦于影响 FDI 对东道国经济增长的因素,如:金融发展、东道国经济水平、人力资源禀赋、东道国政府因素等。

一、内向型 FDI 对东道国经济增长的影响

新经济增长理论最早检验了 FDI 对经济增长所起的作用（Romer，1986；Lucas，1988）。一些对发达国家或发展中国家进行实证分析的文献发现，内向型 FDI 对东道国的经济增长具有正效应。Ericsson and Manuchehr（2001）借助扩展的 VAR 模型发现 FDI 是挪威经济增长的关键因素。Choe（2003）采用 80 个发达国家和发展中国家 1971~1995 年间的数据，进行格兰杰因果检验也得出了相同的结论。邹建华（2013）以 1999~2010 年间我国珠江三角洲地区为研究对象，结果表明内向型 FDI 是经济增长的重要因素。然而，另一些文献研究却得出了不同的结论。De Mello（1999）基于 1970~1990 年间 62 个发展中国家的数据，研究发现 FDI 与东道国经济增长呈负相关关系。Mencinger（2003）以欧洲 8 个发达国家为研究对象，也得出了 FDI 对东道国经济增长产生抑制作用的结论。也有学者发现 FDI 并不具有明显的产出效应。Sarkar（2007）采用 1970~2002 年间 51 个欠发达国家的面板数据进行研究，实证发现，FDI 与经济增长之间并不存在持久的相关性。

二、影响内向型 FDI 与经济增长关系的因素

部分研究发现，内向型 FDI 只有在满足一定条件的情况下才会促进经济增长。这些条件涉及的影响因素包括金融发展、东道国经济水平、人力资源禀赋、东道国政府因素等。

1. 金融发展

一些实证检验发现，只有当东道国的金融市场健全有效，FDI 才能对东道国的经济增长产生积极作用。Alfaro et al.（2004）基于 1975~1995 年间的多国数据进行实证研究。他们发现只有当东道国金融市场足够有效时，FDI 才会促进东道国经济增长。李昶等（2015）运用

1990~2010年间173个国家的面板数据开展实证分析。他们发现在金融市场健全和制度环境稳定的发达国家，跨国并购可以显著地促进经济增长；而在不具备这些条件的发展中国家，跨国并购与经济增长之间不存在显著相关性。张林等（2014）建立了以区域金融实力为门槛变量的面板门槛模型，利用2002~2012年中国31个省市的面板数据进行了实证检验。结果发现，FDI的引入必须与区域金融实力和经济发展水平相适应。当区域金融实力较低时，过剩的FDI将对实体经济增长产生负效应；只有当区域金融实力提升到或跨越临界门槛值后，适量的FDI才会对实体经济增长产生正向促进作用。

也有文献认为，内向型FDI对经济增长影响的方向和大小主要取决于金融服务（Chee-Keong et al., 2011; Adeniyi et al., 2012）。东道国金融市场效率低下会影响FDI后向关联的形成，阻碍新企业的创建；当金融发展达到一定水平后，FDI技术溢出才会通过后向关联效应促进东道国的经济增长。所以，当FDI增加或外资企业生产率提高时，金融市场发达的国家将会产生更好的经济增长（Alfaro et al., 2004; Alfaro et al., 2010）。

2. 东道国经济与人力资源禀赋

有些实证文献检验了东道国经济水平在FDI对经济增长的影响中所起的作用。Jyun-Yi（2008）基于1975~2000年62个国家的面板数据，运用门槛回归模型实证分析后发现，只有当东道国的GDP总额足够大时，内向型FDI才会促进东道国的经济增长。Alguacil et al.（2011）运用1976~2005年间发展中国家的数据进行实证研究，发现宏观经济环境和制度环境会影响FDI对东道国经济增长的促进作用。

另外，东道国的人力资源禀赋也被证实对内向型FDI与东道国经济增长的关系存在影响。Wijeweera et al.（2010）采用1997~2004年间45个国家的面板数据，运用随机前沿方法进行研究，发现只有在人力资源充足且劳动者技术水平高的国家，内向型FDI才能促进当地经济增长。Liu et al.（2016）运用2003~2008年中国电子行业1328家公司层面的数据,分析了内向型 FDI 对东道国生产率增长的影响。结果发现,生产率差距约束了 FDI 对 TFP 的影响,需要提高劳动者技能、鼓励 R&D 投资来促进 FDI 对东道国生产率的影响。Silajdzic and Mehic (2016) 分析了转型经济体中 FDI 与经济增长的关系,他们发现,当东道国劳动者拥有较高的技术水平和创新能力时,FDI 对经济增长才能产生显著的正效应。

3. 东道国政府因素

内向型 FDI 对东道国经济增长的影响较易受到政府因素的影响。Yuan et al. (2010) 运用 2002~2006 年 81 个国家的面板数据考察了政府规模的影响,发现市场化水平越低,政府干预的作用越重要。Candau (2013) 认为,政府干预水平会影响生产要素流向、国际分工和资源配置,改变东道国的区位优势,进而影响 FDI 的溢出效应。他发现,政府干预也可能对要素供给形成冲击,影响当地企业的吸收能力,从而影响 FDI 对当地经济增长的贡献。Macelaru (2013) 指出,跨国公司与东道国的最优目标并不一致,尤其在利润处理方面,究竟是汇回母国还是用来追加投资,双方有着截然相反的倾向性。倘若政府干预力度不够,资产转移成本过低,跨国公司往往会将利润汇回母国,这将对东道国的国际收支平衡造成压力,从而降低经济增长的稳定性。

第二节 内向型 FDI 对东道国出口贸易的影响

现有文献中有关内向型 FDI 对东道国出口影响的文献大多集中于以下三个方面:内向型 FDI 与出口贸易的关系,内向型 FDI 对东道国出口竞争力的影响,及内向型 FDI 对东道国出口质量的影响等。

一、内向型 FDI 与出口贸易的关系

跨国公司在东道国的内向型 FDI 究竟是促进了本国的产品出口呈现

出互补关系,还是抑制了东道国的出口增长表现出替代关系呢?理论界存在着如下三种观点:(1)内向型 FDI 与出口贸易是替代关系,Mundell(1957)以 H-O-S 定理为基础,放松了生产要素在国际上不可流动的假设,引入关税构建了数理模型,证明了对外直接投资与国际贸易之间是完全替代的关系;(2)内向型 FDI 与出口贸易之间是互补的关系,持该观点的代表性学者是小岛清和 Helpman,其中,小岛清(1978)的边际产业扩张理论认为,投资国的对外直接投资大多会从本国处于比较劣势的边际产业开始依次进行,通过产业转移,可以逐步扩大母国与东道国之间的比较成本差距,从而最大化地促进两国之间的贸易。Helpman(1985)认为在要素禀赋非对称、规模报酬递增以及产品差异化的条件下,由于跨国公司专有资产难以通过外部市场达成交易,从而引起对中间品的需求与公司内贸易,并最终促进了母国的出口;(3)内向型 FDI 与出口贸易的关系既可能是替代的,也可能是互补的,Markusan 和 Svensson(1985)认为对外直接投资与国际贸易之间是相互替代还是互补,关键取决于贸易和非贸易要素之间是否存在合作关系。通过构建要素比例模型,他们指出如果贸易和非贸易要素之间是合作关系,那么 FDI 与国际贸易之间存在互补关系;反之则是替代关系。

近年来,国内学者也对内向型 FDI 与出口贸易的关系进行了实证研究。贺胜兵(2008)认为各地区市场条件等因素不同,FDI 的流入会导致地区间贸易效应差异,FDI 的贸易互补效应会因地区和行业的差别而不同。通过采用 2000~2006 年中国对 50 个国家或地区的面板数据进行实证分析,项本武(2009)认为,对外直接投资与出口在长期上存在互补关系,但在短期不明显。陈俊聪和黄繁华(2013)基于中国 2004~2010 年省际面板数据,采用系统 GMM 方法检验了对外直接投资的出口技术进步效应与出口规模扩张效应,研究表明对外直接投资没有促进出口规模的扩大,但提高了制成品的出口技术。李勤昌等(2015)分析了服务业 FDI 的贸易效应和作用机理,结果发现,我国服务业内向型 FDI 对服务出口具有显著的促进作用。苏颖宏(2015)研究了东盟五国的内向型 FDI 与出口贸易的相关关系，结果表明，除泰国外，东盟四国 FDI 流入与制成品出口贸易之间存在长期稳定的均衡关系，内向型 FDI 与出口贸易之间是相互促进的关系。秦晓丽等（2014）从微观企业的层面分析了 FDI 对出口增长的贡献，通过采用面板数据的个体固定效应模型和 Heckman 样本选择纠正模型，他们发现 FDI 具有正向的行业内和行业间出口溢出效应。总体而言，基于内向型 FDI 与我国出口贸易的研究大多认为两者之间是互补的关系。

二、内向型 FDI 对出口竞争力的影响

近年来，国内外学者开始广泛关注内向型 FDI 对东道国出口竞争力的影响。国外学者对印度和中国等发展中国家吸引 FDI 对本国出口竞争力的影响研究较多。Behra（2010）和 Sawant（2014）分别研究了印度食品加工业和农业领域的 FDI 对其产品出口竞争力的影响。Behra（2010）发现 FDI 对印度食品加工行业的出口竞争力具有显著的正影响；Sawant（2014）认为内向型 FDI 对印度农业出口产生了积极作用。另外，通过运用中国 2005~2011 年间 21 个制造业在 31 个地区的面板数据，Zhang（2015）的实证研究表明，内向型 FDI 促进了中国产品出口数量的增长，但对出口产品技术提升的贡献非常有限。

国内一部分学者从宏观层面分析了内向型 FDI 对我国出口竞争力的影响。大多文献认为，FDI 流入促进了我国产业结构升级，提升了我国出口竞争力（文东伟等，2009）。而且，现有文献还分析了 FDI 促进我国出口竞争力提升的内在作用机制，认为 FDI 主要通过资本形成、产业结构及技术溢出路径等对我国出口竞争力造成影响（邱立成、刘文栋，2014）。其中，FDI 通过资本形成路径对我国出口的绝对数量增长有明显的促进作用，但 FDI 通过产业结构升级和技术溢出路径对我国出口竞争力的作用则十分有限。

但对我国制造业的研究却认为，内向型 FDI 对出口竞争力的影响表

现出行业差异性。基于中国制造业 2000~2011 年的面板数据，刘艳和黄苹（2015）发现生产者服务业 FDI 更有利于资本技术密集型制造业出口竞争力的提升。然而，宋红军（2012）却得出了相反的结论，他认为外商直接投资的流入不利于资本密集型行业内资企业出口竞争力的提高，但对劳动密集型行业内资企业的出口竞争力具有显著的促进作用。可见，在不同行业中，内向型 FDI 对出口竞争力的影响可能不同。因此，有必要在研究中考虑行业异质性。

三、内向型 FDI 对出口质量的影响

发展中国家出口产品质量升级在很大程度上受跨国公司在当地直接投资的影响。衡量出口产品质量的指标主要有产品的技术复杂度和出口单位价值。产品技术复杂度的指标最早由 Michaely（1984）提出，用某一国一种产品的出口额占世界该种产品的出口总额的比重为权数乘以该国人均 GDP。之后，Hausmann et al.（2006）在 Michaely（1984）的基础上构建了新的产品技术复杂度指标，即：显示性比较优势指数，用一种产品在一国总出口中的比重占世界加总的比重份额作为权数乘以该国人均 GDP。但产品技术复杂度在衡量出口产品质量中存在的不足在于假设各国生产出口产品的技术水平是相同的。然而，不同国家的技术水平存在着较大的差异，在不同技术水平下生产的出口产品质量也存在差异。因而，产品的技术复杂度指标难以区分出口产品的质量差异。而另一衡量指标——出口产品的单位价值却能较好地体现这一差异。

一些经验研究分析了内向型 FDI 对出口质量的影响。采用 2000~2005 年 OECD 国家和中国的数据，Xu and Lu（2009）实证检验了来自 OECD 国家的内向型 FDI 是否有利于促进中国工业行业出口技术复杂度的提升。实证结果表明，OECD 国家在中国投资的外商独资企业份额和外商投资企业从事加工贸易出口比例与我国出口产品的技术复杂度呈正比例关系。Harding and Javorcik（2011）比较了发展中国家与发达国家

FDI 对出口产品质量的影响。运用 105 个东道国 1984~2000 年的数据进行实证分析，他们发现，发展中国家 FDI 对优先发展的吸引外资行业的单位出口价值具有促进作用，而这一关系在发达国家并不显著。李坤望和王有鑫（2013）利用 1999~2007 年中国产品层面的贸易数据进行了实证分析，他们发现 FDI 提高了我国出口产品质量，且外商投资比港澳台投资更能提升我国出口产品质量。同时，在资本密集型行业的 FDI 有利于出口产品质量升级；而劳动密集型行业的 FDI 却不利于出口产品质量升级。

第三节 内向型 FDI 对东道国产业安全的影响

内向型 FDI 对东道国而言犹如一把双刃剑。一方面，各个国家尤其是发展中国家都制定了相应的优惠政策以吸引外商直接投资，期望通过 FDI 流入提升本国的技术和管理水平，弥补资金不足，促进本国的经济增长，提升本国的出口贸易竞争力。但另一方面，内向型 FDI 的流入也挤占了原本属于本国企业的市场份额和发展空间，致使一部分中小企业发展受限甚至破产。从宏观层面来看，FDI 的流入越来越倾向于在东道国建立独资企业，实现对东道国子公司经营权和所有权的控制。即便在合资合作企业中，大量外资方由于掌握了技术、品牌等关键资源而在合资合作企业中掌握了主动权。这样，外资企业的进入有可能对东道国的产业安全产生负面影响。我国学者在 FDI 对东道国产业安全的影响方面做了一些研究，大多集中于粮食安全、水安全等关乎国计民生的行业。

一、内向型 FDI 影响东道国产业安全的内在机理

目前学术界对于产业安全主要存在以下四种观点（毕冶等，2011），分别是：（1）产业控制力说。该学说的核心观点是强调本国资

本对本国产业的控制力；（2）产业竞争力说。认为产业安全是指一国某一产业在开放竞争中具有竞争力，能抵御和抗衡来自国内外不利因素的威胁，保持产业部门的均衡协调发展；（3）产业发展说。强调发展力是对产业安全的动态刻画，是产业安全的本质特征；（4）产业权益说。其核心观点是要使以国民为主体的产业权益在国际竞争中得到保证且不受侵害。以上观点各有侧重，比较全面地涵盖了有关产业安全的定义。现有文献对产业安全的研究大多聚焦于产业控制力说和产业权益说，认为外商直接投资有可能对产业发展和产品定价形成控制或者损害国民福利。产业控制力通常用外资在该产业的市场份额、市场集中度等来衡量。

一些学者分析了内向型 FDI 影响东道国产业安全的内在机理。毕冶等（2011）认为，FDI 影响一国产业安全的机理在于内、外因的共同作用。外因表现为外资对东道国行业和市场的控制能力和控制程度，而内因则取决于东道国的自身市场机制是否完善。FDI 进入东道国通常会导致东道国市场竞争激烈，如果东道国的市场机制健全，则会促进产业结构升级优化；如果市场机制不健全，则可能导致产业结构失衡、地区发展不均衡，对东道国产业形成真正的控制。最终，对一国产业安全构成威胁。因此，内向型 FDI 影响东道国产业安全的内在机理如图 2-1 所示。

二、内向型 FDI 对东道国粮食安全的影响

粮食安全是关乎国计民生的重大战略。跨国公司的全球扩张对一国乃至世界粮食安全产生了深刻的影响。张菲（2013）分析了跨国公司对全球粮食安全的影响，他认为，农业跨国公司通过控制种业研发、推广转基因农产品生产和贸易，在全世界延伸产业链，操纵农产品期货市场等方式对世界粮食安全构成了威胁。

内向型 FDI 对东道国的粮食安全也同样产生着重要的影响。我国一

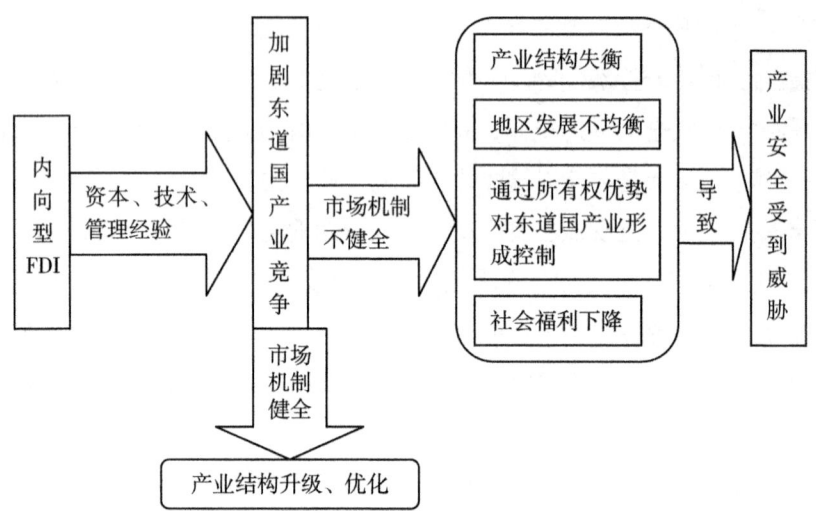

图 2-1　内向型 FDI 影响一国产业安全的内在机理

些学者探讨了农业 FDI 对我国粮食安全的影响。马述忠等（2013）构建了负二项分布模型考察了外资对中国农业研发能力的影响。他们发现，外资在中国农业研发领域会产生负向的溢出效应，拉大本土企业与外资企业研发水平的差距，有利于外资企业建立技术优势，逐渐形成垄断。他们还以种业为例，构建一个以本土和外资企业为主体的研发能力动态仿真系统，模拟外资对中国种业的影响。结果发现，外资企业进入后，容易形成寡头垄断或垄断市场，冲击本土种子的价格稳定和市场份额。当外资撤出，本土企业种子研发产出和销售利润在短期内会有增加，但增幅将明显滑落，本土企业受外资撤资冲击的影响较大，而且本土研发产出呈现对外资的高度依赖的倾向，不利于保障自身的粮食安全。湛育红等（2014）采用 2005~2011 年我国七家上市种业公司（丰乐种业、隆平高科、登海种业、荃银高科、敦煌种业和万向德农）的数据，借助菲德模型（Feder Model）和柯布-道格拉斯生产函数（Cobb-Douglas production function），建立外商直接投资对种业安全影响模型。结果发现，外商投资对中国种业安全构成了一定的威胁，这种威胁在有外商投资的公司中表现的尤为明显；劳动力资源特别是科技人力资源对种业的总产出具有明显的影响；由于国内种业企业的粗放式经营，国内投资的投入产出率并不高。武晓霞和孙治宇（2012）采用空间计量分析的方法分析了1999~2008年29个省区的数据，探讨了农业 FDI 对我国粮食供求的影响。他们的实证结果表明，农业 FDI 对粮食总产出具有正向推动作用，但该作用在逐渐减弱；东部农业 FDI 与人均粮食占有量呈反比例关系，即随着内向型 FDI 的增加，人均粮食占有量反而有所下降。综上所述，农业领域的内向型 FDI 对我国粮食安全产生了一些负面影响。

三、内向型 FDI 对水务产业安全的影响

外资从20世纪90年代开始对我国水务产业进行投资。进入初期，"固定投资回报率"保障了外资水务企业的盈利，吸引了一些大型水务跨国公司对华直接投资。后来，我国出台了相关政策明确不再对外资实施"国定投资回报率"，使得外资水务在华 FDI 的风险增加。期间，一部分外资水务巨头撤离了中国市场。2007年之后，部分外资水务企业减缓了在华的战略扩张。一些外资水务企业如威立雅等在华出现了一系列供水污染问题，影响了我国人民的供水安全。

尽管外资水务企业已经占据了一线城市三分之一以上的市场份额，并正逐渐向中西部的二三线城市蔓延，但学术界对内向型 FDI 对我国水务产业安全的影响关注仍然不多。潘菁和苏珈漩（2012）运用1996~2009年水务产业的数据，建立分层次的水务产业安全指标评价体系，研究外资水务对我国水务产业安全带来的影响方式及影响程度。他们的研究结果发现，1996~2009年，水务行业的安全程度呈现逐渐变弱的趋势，且受外资影响最为明显的是产业控制力环境，反映了外资对我国水务产业控制权的争夺力度比较大。水务产业关系到我国居民的用水安全

和水价定价等，内向型 FDI 的进入还需要引起重视，全面分析内向型 FDI 对我国水务产业安全的影响。

四、内向型 FDI 对其他产业安全的影响

除了粮食安全、水安全之外，近年来国内学者还关注了内向型 FDI 对其他产业安全的影响问题，具体包括：商贸服务业（王耀中、陈洁，2013）、零售业（宋永辉等，2012）、装备制造业（宋永辉等，2012）、流通产业（黄漫宇，2011）等。

其中，王耀中和陈洁（2013）运用 2005~2010 年省际面板数据，通过构建联立方程模型，从国内投资、产出及就业等角度来检验内向型 FDI 对中国商贸服务业产业安全的影响。研究结果发现，全国和东部地区 FDI 对国内投资和就业产生负面影响，对产出具有正效应；中部地区 FDI 对国内投资和产出具有正影响，却对就业产生负效应；西部地区 FDI 对国内投资产生负面影响，却对产出和就业产生正面效应。可见，内向型 FDI 对中国商贸服务业的产业安全构成了一定的威胁，且影响效果会因区域、视角的变化而变化。宋永辉等（2012）分别分析了内向型 FDI 对我国零售业和辽宁省装备制造业产业安全的影响。他们认为，从 2007 年开始我国零售业产业安全状态从基本安全向不安全发展，而且不安全程度越来越高。另外，他们从产业国内环境、产业竞争力、产业对外依存度和产业控制力等四个方面进行了实证分析，结果发现辽宁省的制造业总体也处于不安全的状态。黄漫宇（2011）分析了内向型 FDI 对产业控制力、竞争力和发展力的影响，并提出了维护流通产业安全的对策。

从经济安全和国家安全的角度考虑，有必要分析 FDI 进入后各个产业的安全状况。在获得 FDI 带来的正面外溢和积极作用的基础上，保障我国企业对某一产业的控制权，从根本上维护我国居民的社会福利。

第四节 结论及未来研究的方向

一、结论

内向型 FDI 对东道国的三个关键影响分别在于经济增长、出口贸易和产业安全。本章回顾了近年来国内外学术界对以上影响的研究。研究发现：（1）内向型 FDI 对经济增长的影响仍然存在不同的结论，这可能是因为研究数据、模型和对象的不同而有所差异。而且，越来越多的学者开始关注其他因素在内向型 FDI 与经济增长关系中的作用，如：金融发展、东道国经济水平、人力资源禀赋和东道国政府因素等。在这类研究中广泛使用门槛效应模型和面板数据进行实证检验。（2）内向型 FDI 与东道国出口贸易的关系究竟是互补关系还是替代关系也一直是理论界争议的问题。不过，对内向型 FDI 与中国出口贸易的实证研究大多得出了两者之间是互补关系的结论。（3）产业安全问题关系国计民生，是国家安全的重要组成部分。内向型 FDI 通过企业竞争优势对东道国子公司进行控制，成为影响一国产业安全的外因；另一方面，东道国自身的市场机制是否健全也是 FDI 能否形成产业安全的内因。国内学者主要研究了内向型 FDI 对我国粮食安全的影响，而对水业、服务业、零售业等产业安全的关注不多。仅有的少数文献大多认为，内向型 FDI 给我国产业安全带来一些不安全因素，影响了我国产业安全的程度。

二、未来研究的方向

根据对现有文献的归纳总结，笔者发现，未来研究可以在以下几个方向努力：（1）在内向型 FDI 与经济增长的关系方面，深入挖掘作用于这一关系的关键因素,刻画内向型 FDI 对经济增长影响的多重门槛效应。(2)重视内向型 FDI 对一国出口竞争力和质量的影响,对比国家或地区之间的差异,并探寻深层次的原因。(3)在内向型 FDI 对产业安全的影响方面,除了从宏观层面进行定量实证分析之外,还可以从企业的微观层面深入剖析跨国公司在华直接扩张的战略行为及其对产业安全的影响。对关注国计民生的行业如粮食产业、水业等进行深入地分析和探讨。

宏 观 篇

第三章 后 WTO 时代内向型 FDI 对我国经济增长的影响

一国经济增长主要源自外在和内在两种技术努力。外在的技术努力依赖内向型 FDI 和技术进口，内在的技术努力则主要依靠自主 R&D。东道国企业在从内向型 FDI 中获得技术外溢效应的同时，也面临着来自跨国公司的激烈竞争（Aitken and Harrison，1999）。现有文献中，内向型 FDI 对一国经济增长的影响仍然没有得到一致的结论。同时，技术进口（许可）也被认为是一个国家技术进步和经济增长的动力，经济增长较快的国家通常是那些技术进口较多的国家（coe et al.，1997；Texeira and Fortuna，2010）。另外，自主 R&D 能促进一国或企业提升技术实力，增强创新能力，但技术赶超国家的 R&D 效率可能由于技术基础薄弱和 R&D 投入偏低而不高（孙敬水和岳牡娟，2009）。因此，有必要综合考察在我国提倡自主 R&D 和技术进口的背景下，内向型 FDI 对我国经济增长的影响。

我国加入 WTO 以后，市场进一步对外资企业放开，贸易壁垒逐渐降低，跨国公司在华直接投资快速增长。本章主要考察后 WTO 时代，内向型 FDI 对我国经济增长的影响，采用 2001~2008 年中国地区层次的面板数据，将 FDI、技术进口、自主 R&D 等以往文献中单独研究过的技术驱动力纳入同一研究框架，利用二阶段最小二乘法（2SLS）对生产函数进行固定影响模型工具变量法估计，进一步探讨内向型 FDI、技术进口和自主 R&D 对我国经济增长的贡献。

本章余下部分结构如下：第二部分是文献回顾；第三部分是对模型构建和数据进行阐述；第四部分是计量结果分析；第五部分是结论。

第一节 文献回顾

国内外学者从不同层次、以不同研究对象分别探讨了内向型 FDI、技术进步、自主 R&D 等技术努力的方式对经济增长的影响，这些文献对本章作者产生了理论性启示，是本章研究的基础。

一、内向型 FDI 与经济增长

FDI 通过外溢、示范效应和竞争影响等方式向东道国转移技术（Aitken and Harrison，1999）。跨国公司 FDI 的主要动机在于将自身的技术优势转移到国外的子公司或合资企业中去。在跨国公司工作过的员工进入当地企业工作或者自己创办公司都可能带来技术、管理等方面知识的外溢。而且，跨国公司为提高子公司的竞争力通常会向其传输技术信息，而这些信息很可能"泄漏"到东道国（Hoekman et al.，2004）。FDI 向发展中国家提供了许多有效的技术并产生了技术外溢（Hoekman et al.，2004）。然而，纵观近年来学术界的研究，FDI 对当地企业乃至东道国经济增长的影响尚未取得一致的定论。

部分研究表明，内向型 FDI 对当地企业产生正的积极影响。Driffield（2001）证明了外资企业的生产性优势大大促进了当地企业的生产力增长。Lee（2006）分析了 1981～2000 年间流入 16 个 OECD 国家的 FDI，他指出 FDI 产生的知识外溢对一国经济增长具有显著正的影响。Todo（2006）调查了日本制造业公司层面的数据，他认为从外资企业向国内企业的知识外溢通常被认为是东道国技术进步和生产力增长的源泉，外资企业在日本的 R&D 活动对日本当地企业的生产率增长产生积极的正效应。Yasar 和 Paul（2007）发现那些拥有较多国际联系的行业、企业具有更高的生产力水平。王成岐和张嫚（2005）对中国的研究也发现，内资企业在 1995~2001 年间绩效的改善与同期 FDI 的流入紧密相关。

然而，在普遍认为 FDI 对一国经济增长产生正效应的同时，一部分针对发展中国家的实证分析却表明，FDI 有可能对一国经济增长产生负面的影响（Aitken and Harrison，1999；Hu and Jefferson，2002；Konings，2001；Xu and Sheng，2011）。Haddad 和 Harrison（1993）分析了 1985~1989 年外资企业在摩洛哥制造业的投资，结果表明外资投资与企业生产力增长之间存在弱的负相关性。Aitken 和 Harrison（1999）研究了 1976~1989 年间委内瑞拉制造业的外资投资，实证发现本土企业的生产力增长与外资之间是负相关的。Damijan 等人（2003）以 1994~1998 年间中东欧八个转型国家为研究对象，分析了 FDI 对当地企业生产率增长的影响。结果表明，FDI 不能对本土企业产生正的行业内外溢，而且从外资企业向本土企业的外溢是负的、不显著的。Konings（2001）通过对三个中东欧新兴经济体的研究发现，在保加利亚和罗马尼亚 FDI 对当地企业产生负的外溢影响，而 FDI 对波兰当地企业的外溢影响不显著。部分国外文献发现，FDI 对中国一些行业发展产生负的影响。Hu 和 Jefferson（2002）分析了中国 19 个电子行业 1995~1999 年间的数据，他们发现 FDI 对中国电子行业存在负的、显著性的影响。Xu 和 Sheng（2011）对中国 2000~2003 年间制造业企业的调查数据进行了研究，他们发现 FDI 存在显著的、负的水平外溢影响。一些国内学者研究发现，FDI 不仅带来积极的技术外溢效应，还会引致负向的竞争效应（马明申，2007；赵奇伟、张诚，2007）。马明申（2007）的计量结果表明，国外资本的进入对我国的长期经济增长会产生显著的促进作用，但美资进入却呈现出相反的效果：其在我国国内资本形成中所占比例的增长率每提高 1 个百分点，我国人均 GDP 的增长率将下降 0.095 个百分点。Aitken 和 Harrison（1999）认为，之前的研究发现

FDI 产生正的外溢影响，是因为没有剔除 FDI 的内生性影响，FDI 可能被吸引到生产效率较高的行业和地区。

二、技术进口与经济增长

技术进口（许可）被认为是获得国外技术的有效途径。一个国家进口越多的技术就越能从外资 R&D 中获得好处（Coe and Helpman, 1995; Coe et al., 1997），那些经历了快速经济增长的国家大多从世界技术领导国家处购买了较多的技术（Texeira and Fortuna, 2010）。许多学者分析了技术进口对东道国经济增长的影响。Hasan（2002）对 286 家印度制造业公司进行了实证分析，他发现，技术进口对企业生产率具有显著的正影响。Branstetter and Chen（2006）研究了 R&D 支出和外国技术购买对台湾工业生产率的影响，也得出了类似的结论。Bin（2008）分析了 1996~2001 年间中国大中型工业企业的数据，认为技术进口对我国大中型工业企业的生产率具有显著的促进作用。Motohashi and Yuan（2010）也发现，技术进口作为正式的技术获取渠道具有正的生产率增长效应。Kuo and Yang（2008）分析了 1996~2004 年技术进口和 FDI 对我国 31 个省级城市地区经济增长的影响，他们认为技术进口对地区经济增长具有正的显著性的贡献，而 FDI 的影响却是不显著的。在以上研究的基础上，本章将结合技术进口和自主 R&D，考察我国加入 WTO 以后内向型 FDI 对我国地区经济增长的影响。

三、自主 R&D 与经济增长

近年来，自主 R&D 努力在经济增长中的作用被国外学者广泛研究（Bronzini and Piselli, 2009; Kuo and Yang, 2008; O'Mahony and Vecchi, 2009; Wakelin, 2001 等）。一些研究基于公司层面和行业层面的数据调查了 R&D 对经济增长的影响。例如，Wakelin（2001）基于 170 多个

英国企业的样本，Hu（2001）基于中国 813 家高新技术企业的数据，Branstetter 和 Chen（2006）基于台湾电子行业 2636 家企业的面板数据，O'Mahony 和 Vecchi（2009）对五个 OECD 国家（美国、英国、日本、法国和德国）的公司层面数据的经验研究等。另一些文献聚焦于国家层面和地区层面的数据对 R&D 和经济增长的关系进行了研究。如，Madden 和 Savage（2000）以 OECD 国家和一些亚洲国家为研究对象，Kuo 和 Yang（2008）分析了中国省级面板数据，Bronzini 和 Piselli（2009）调查了意大利地区层面的数据等。尽管大多数经验性研究证实，R&D 对经济增长产生正的显著性影响，但 R&D 的产出弹性却因研究对象的不同而存在着一定的差别。美国的 R&D 产出弹性在 0.18 左右（Griliches 和 Mairesse，1984），而对美国制造业的研究显示其 R&D 产出弹性平均为 0.07（Griliches 和 Mairesse，1984）。多种实证结果显示，法国的 R&D 产出弹性在 0.09 到 0.33 之间（Mairesse 和 Cuneo，1985）。针对英国制造企业的数据所作的研究得出其 R&D 产出弹性在 0.012 和 0.029 之间（Griffith et al.，2006）。日本整体企业的 R&D 产出弹性为 0.10，低于日本科技产业企业的 R&D 产出弹性 0.16（Sassenou，1988）。针对德国 443 家制造业企业的实证分析显示德国的 R&D 产出弹性在 0.072 和 0.155 之间（Harhof，1998）。以上发达国家的 R&D 产出弹性揭示了各国在 R&D 方面的努力及其对经济增长的贡献。

国内学者也十分关注我国 R&D 对经济增长的影响。刘飞和王德发（2009）对我国 1983～2006 年经济数据进行实证分析，结果表明国内 R&D 对经济增长的贡献具有统计学意义上的显著性。靳涛和褚敏（2011）、孙敬水和岳牡娟（2009）等人也得出了类似的结论。尽管 R&D 对中国经济增长的正影响已经被一些文献所证实，但部分文献也发现了我国的 R&D 产出弹性不高。孙敬水和岳牡娟（2009）从中国 R&D 活动的主体角度出发，研究经济增长与 R&D 投入的关系，结果表明中国大中型企业、社会科研机构及高校三大科研主体的 R&D 投入产出弹性均不高。师萍、许治和张炳南（2007）对我国 1985～2004 年的数据进行了实证分析，他们发现我国 R&D 投入对国家经济增长的贡献偏低。而卢方元和靳丹丹（2011）利用 2000~2009 年间我国省际面板数据的分析，得出了不一样的结论。他们认为，我国 R&D 投入对经济发展具有明显的促进作用，而且 R&D 人员投入的产出弹性大于 R&D 经费投入的产出弹性。然而，以上研究未能将我国 R&D 投入的产出弹性与发达国家的 R&D 产出弹性进行系统地比较，探索我国在自主 R&D 方面与发达国家的差异。而且，由于单纯地研究 R&D 对经济增长的影响，难以将自主 R&D 与促进经济增长的其他动力如内向型 FDI 等进行比较。

内向型 FDI 对经济增长的影响远比自主 R&D 的单一正面影响复杂。对 FDI 和经济增长关系的调查有可能因研究国家、行业、时期或研究方法的不同而呈现出不同的结果。基于以上原因，本章将在以往经验性研究（Bronzini and Piselli, 2009; Kuo and Yang, 2008; O'Mahony and Vecchi, 2009）的基础上，进一步探讨内向型 FDI、技术进口和自主 R&D 对中国加入 WTO 以来经济增长的影响。与现有研究相比，本章的贡献即将 FDI、技术进口和自主 R&D 作为经济增长的技术驱动力引入传统的 Cobb-Douglas 生产函数中，同时考察内向型 FDI、技术进口和自主 R&D 对经济增长的贡献。

第二节 计量模型与数据说明

本章选取 2001~2008 年间 28[①] 个省级的地区为研究对象，一方面是因为 2001 年末我国加入 WTO 加深了我国与世界上其他国家的经济贸易联系，这些联系进一步促进了内向型 FDI 和技术进口在我国经济增长

---

① 虽然中国有 31 个省级地区，但西藏、内蒙古和青海等三个地区在 2001~2008 年的时期中有几年的技术进口数据为 0。例如，西藏 2001~2007 年的技术进口均为 0。而我们研究中所有变量将采用对数形式，所以，在研究对象中只选取了剩下 28 个地区。

中的作用。

以下对计量模型的基本原理、变量选择以及数据处理情况进行说明。

一、计量模型设定

本章运用如下生产函数（3-1）来分析内向型 FDI、自主 R&D 和经济增长的关系。

$$Y_{jt} = A_{jt} f(K_{jt}, L_{jt}) \tag{3-1}$$

这里 Y 指的是产出；K 代表固定资产存量；L 是劳动力投入，用就业人口数来衡量。A 则特指技术参数。与 O'Mahony 和 Vecchi（2009）把 A 作为一个完全外生的变量不同，本章假设 A 是自主 R&D、内向型 FDI 和技术进口的函数，即：

$$A_{jt} = f(RD_{jt}, FDI_{jt}, TIM_{jt}) \tag{3-2}$$

其中，RD 为 R&D 存量，FDI 代表累积外商直接投资，TIM 为技术进口存量。与以往的经验性研究（Bronzini and Piselli, 2009；Kuo and Yang, 2008）一致，本章假设关于地区经济的生产函数近似于 Cobb-Douglas 生产函数，把以上两个等式进行整合，构建如下计量模型：

$$Y_{jt} = K_{jt}^{\alpha} L_{jt}^{\beta} RD_{jt}^{\varphi} FDI_{jt}^{\gamma} TIM_{jt}^{\zeta} e^{u_{jt}} \tag{3-3}$$

通常，为了执行对 Cobb-Douglas 生产函数的估计，一般对原有模型取对数，使它变为如下线性回归模型：

$$lnY_{jt} = \alpha lnK_{jt} + \beta lnL_{jt} + \varphi lnRD_{jt} + \gamma lnFDI_{jt} + \zeta lnTIM_{jt} + u_{jt} \tag{3-4}$$

其中，

$$u_{jt} = \alpha_j + \varepsilon_{jt} \tag{3-5}$$

参数 α_j 是体现各地区之间差异的非观测效应，该效应不随时间而变化；参数 ε_{jt} 是随机误差项。将模型（3-4）作为本章计量模型的基准模型。

为了解决面板数据估计中常遇到的异方差和序列相关问题，本章拟采用 Pooled EGLS 回归方法，选用 LLC、IPS 等多种面板单位根检验方法进行面板残差的平稳性检验。同时，通过进行 Hausman 检验来决定是采用固定影响模型还是采用随机影响模型。最后，为了解决模型中可能存在的内生性问题，本章采用工具变量法对模型进行修正。

二、数据说明

本章的研究数据包括各地区的 GDP 及其指数、固定资产投资及其价格指数、就业人数、R&D 支出、外商投资总额（FDI）和技术进口支出。需要指出的是，回归分析中所有货币变量的单位是亿元，并且以 2000 年为基准年通过平减指数法来控制价格通胀的影响。本章采用的大多数数据来源于 2002~2009 年的《中国统计年鉴》，R&D 支出、FDI 和技术进口等数据来源于 2002~2009 年的《中国科技统计年鉴》。现有出版的数据中没有各地区固定资产投资存量，只有各地区的年度固定资产投资额。沿着 Kuo 和 Yang（2008）的思路，固定资产投资存量 K 可以用如下永续盘存法（如公式（3-6）所示）和年度固定资产投资流量 I 来计算。

$$K_t = I_t + (1 - \delta)K_{t-1} \qquad (3-6)$$

为了简化计算，本章假设最初的资本存量在无限时期内非常小，且固定资产投资的年度增长率为常数 g，所以，固定资产投资存量又可以演化为如下计算公式：

$$K_t = I_t + (1-\delta)I_{t-1} + (1-\delta)^2 I_{t-2} + \cdots = \sum_{i=0}^{\infty} I_{t-i}(1-\delta)^i$$

$$= I_t \sum_{i=0}^{\infty} (1-\delta)^i \Big/ (1+g)^i = I_t(1+g) \Big/ (g+\delta) = I_{t+1} \Big/ (g+\delta)$$

$$(3-7)$$

这里 K_t 是第 t 期末的固定资产存量，I_t 是第 t 期的固定资产投资，δ 是固定资产的折旧率，g 是固定资产的年度增长率。Yao（2006）假设固定资产的折旧率 δ 是 7.5%，这意味着固定资产设备的平均寿命约为

13 年，这跟我国固定资产的平均寿命年限一致。Kuo 和 Yang（2008）假设固定资产的年增长率 g 是 15%，这是他们计算的样本期 1996~2004 年间整体经济的固定资产平均增长率。根据他们的计算方法，本章计算出 2001~2008 年间我国固定资产的年平均增长率 g 是 19.82%。最后，利用以上数据和永续盘存法计算我国固定资产存量。同时，本章利用类似的方法计算技术进口存量和 R&D 支出存量。

三、描述性统计

表 3-1 是关于样本的描述性统计，包括回归分析中关键变量的均值、中值、最大值、最小值和标准差。关键变量包括产出量、就业人口数量、固定资本存量、R&D 支出存量、FDI 和技术进口存量。如表 3-1 所示，我国各地区年平均的产出是 3869.792 亿元，就业人数 2226 万人，固定资产存量 11294.55 亿元，R&D 支出存量为 274.616 亿元，外商累计对华直接投资 3857.887 亿元，技术进口存量 136.029 亿元。各变量的最大值与最小值之间的差距较大，表明我国各地区的经济发展存在较大的差异。

表 3-1　　　　　　　　变量的描述性统计

变量	平均值	中值	最大值	最小值	标准差	观察值	横截面数
产出（Y）	3869.792	3237.696	13241.970	306.529	2839.799	224	28
就业人数（L）	2226.086	1916.500	5835.452	172.330	1442.066	224	28
固定资本存量（K）	11294.55	8495.13	50386.78	825.77	9482.455	224	28
R&D 存量（RD）	274.616	136.154	1817.53	2.938	355.105	224	28

续表

变量	平均值	中值	最大值	最小值	标准差	观察值	横截面数
FDI存量（FDI）	3857.887	1276.665	26659.320	87.639	5871.956	224	28
技术进口存量（TIM）	136.029	32.045	1953.567	0.0699	281.473	224	28

备注：表中货币单位为亿元，就业人数单位为万人。

第三节 实证结果分析

一、初步回归

在对（3-4）式进行回归之前，对模型进行了 Hausman 检验，如表 3-2 所示。整体估计值 χ^2（5）的概率为 0，所以，Hausman 检验拒绝随机影响估计能获得一致性估计的零假设，从而本章的模型适合采用固定影响模型。

表 3-2　　　　　　　　**Hausman 检验**

	Coefficients			
	(b) FE	(B) RE	(b−B) Difference	sqrt（diag（V_b−V_B））S. E.
lnL	0.022	0.068	−0.046	0.005
lnK	0.168	0.137	0.032	0.007
lnRD	0.048	0.086	−0.038	0.009

续表

	Coefficients			
	(b)	(B)	(b-B)	sqrt(diag(V_b-V_B))
	FE	RE	Difference	S.E.
lnFDI	-0.022	0.014	-0.036	0.007
lnTIM	0.003	0.006	-0.003	0.001

b = consistent under Ho and Ha; obtained from xtreg

B = inconsistent under Ha, efficient under Ho; obtained from xtreg

Test: Ho: difference in coefficients not systematic

chi2 (5) = (b-B)′ [(V_b-V_B) ^ (-1)] (b-B)

= 147.15

Prob>chi2 = 0.0000

同时，单位根检验表明本章采用的数据是静态的。为了解决可能的异方差和序列相关性问题，本章采用 Pooled EGLS（截面固定影响）回归分析对（3-4）式进行初步估计。经验性结果如表 3-3 所示，它表明，R&D 投入对地区经济生产率具有正的显著性影响，R&D 投入每增加 1% 会使地区生产率增加 0.048%。而 FDI 对地区经济增长的影响却显著为负。

表 3-3　　　　　　　　初步估计结果

Eq. (4) Variable	Fixed-effects Coefficient
C	6.215*** (50.858)
lnL	0.022** (1.988)

续表

Dependent Variable: lnY	
Eq. (4)	Fixed-effects
Variable	Coefficient
lnK	0.169***
	(12.427)
lnRD	0.048***
	(3.108)
lnFDI	-0.022**
	(-1.976)
lnTIM	0.004
	(1.037)
Number of obs.	224
R-squared	0.998

注：*、**、***分别代表通过10%、5%、1%的显著性检验，下同。括号内为 t 统计量值。

二、内生性问题

然而，有关生产函数和经济增长的变量可能存在潜在的内生性问题（Kuo and Yang，2008）。如果外资企业被吸引到集聚经济或基础设施更好的地区，当地 FDI 对经济增长的影响可能被过度估计（Aitken and Harrison，1999）。为了获得一致性统计，本章采用工具变量法对原有模型进行修正。在（3-4）式中，L、K、RD、FDI 和 TIM 等解释变量都可能存在内生性问题。沿着 Lin 和 Ma（2012）的思路，本章用 L 的一阶滞后值作为 L 的工具变量。用一个中间投入即各地区在当年的电力消费量 E 作为 K 的工具变量（Ackerberg et al.，2006）。用各地区当年专利申请授权数 P 作为 RD 的工具变量 (Hu, 2001)。采用 FDI 的一阶滞后值作为 FDI 的工具变量。同时,本章引入能反映地区生产率的两个代理变量来消除变量 FDI 和 TIM 可能的内生性问题。第一个代理变量为各地区当年运输线路长度中的公路里程数 RO,它反映各地区在基础设施方面的区位优势;另一个是各地区滞后一期的经济开发区数量 Z,它可以反映各地区生产率的外在差异性的政策因素。这些经济开发区在所得税、进口关税、工业和商业税收、土地使用费等多个方面享有一些减免和优惠政策。由于政策变量对经济的影响都有滞后效应,本章采用 Z 的一期滞后值进行计量分析 (Cheng and Kwan, 2000)。接着,本章通过 Davidson-MacKinnon 检验来判定模型和解释变量是否存在内生性问题,结果如表 3-4 所示。

表 3-4　　　　　　　　　　**Davidson-MacKinnon 检验**

Fixed-effects (within) IV regression				Number of obs = 196		
Group variable: region				Number of groups = 28		
R-sq:	within = 0.7949			Obs per group: min = 7		
	between = 0.8136			avg = 7.0		
	overall = 0.7779			max = 7		
lnY	Coef.	Std. Err.	z	P>|z|	[95%Conf.	Interval]
lnL	0.034	0.033	1.03	0.301	-0.031	0.099
lnK	0.105	0.058	1.80	0.071	-0.009	0.219
lnRD	0.167	0.072	2.32	0.020	0.026	0.309
lnFDI	-0.072	0.033	-2.18	0.029	-0.137	-0.007
lnTIM	0.038	0.058	0.66	0.510	-0.076	0.152
_cons	6.351	0.424	14.99	0.000	5.521	7.181
F test that all u_i=0:		F (27, 163) = 142.73		Prob > F = 0.000		
Instrumented:	lnL lnK lnRD lnFDI lnTIM					
Instruments:	ln (lagged L) lnE lnP ln (lagged FDI) lnRO lnZ					
Total	Davidson-MacKinnon test of exogeneity:		25.90231 F (5, 158)		P-value = 4.8e-19	
lnL	Davidson-MacKinnon test of exogeneity:		0.582 Chi-sqr (1)		P-value = 0.446	

续表

lnK	Davidson-MacKinnon test of exogeneity:	0.654	Chi-sqr (1)	P-value =0.419
lnRD	Davidson-MacKinnon test of exogeneity:	11.164	Chi-sqr (1)	P-value = 8.3e-04
lnFDI	Davidson-MacKinnon test of exogeneity:	0.665	Chi-sqr (1)	P-value =0.415
lnTIM	Davidson-MacKinnon test of exogeneity:	0.431	Chi-sqr (1)	P-value =0.511

表 3-4 的下半部分即是 Davidson-MacKinnon 检验的结果，整个模型的 P 值为 4.8e-19，说明模型中存在一些内生性的变量。然后，对每一个变量做 Davidson-MacKinnon 检验，结果显示仅 RD 变量拒绝其为外生性的零假设。最后，本章采用固定影响模型的工具变量法解决 RD 变量的内生性问题。P 和滞后一期的 FDI 值被作为 RD 的工具变量，这是因为外资企业 FDI 在中国建立了较多的 R&D 中心（von Zedtwitz, 2004）。本章采用二阶段最小二乘法（2SLS）进行估计，第一阶段的估计结果如表 3-5 所示，其中，lnP 和 ln（lagged FDI）的系数是高度统计显著的；Shea Partial R2 and Partial R2 值显示我们所采用的工具变量不是弱工具变量。同时，表 3-6 中的 Sargan 检验也显示本章所选取的工具变量是有效的。对 RD 的内生性问题进行处理后的最终实证结果如表 3-6 所示。

表 3-5　　　　　2SLS 估计中第一阶段的估计结果

First-stage regressions						
F (6, 162) = 187.58					Number of obs = 196	
Total (centered) SS = 23.617					Prob > F = 0.000	
Total (uncentered) SS = 23.617					Centered R2 = 0.8742	
					Uncentered R2 = 0.8742	
lnRD	Coef.	Std. Err.	t	P>|t|	[95% Conf. Interval]	
lnL	0.026	0.041	0.64	0.525	-0.055	0.107
lnK	0.374	0.049	7.56	0.000	0.276	0.471
lnFDI	0.116	0.049	2.37	0.019	0.019	0.213
lnTIM	-0.006	0.014	-0.44	0.662	-0.035	0.022

续表

lnP	0.381	0.049	7.65	0.000	0.282	0.479
ln（lagged FDI）	0.122	0.057	2.16	0.032	0.011	0.234

Included instruments: lnL lnK lnFDI lnTIM lnP ln（lagged FDI）

Summary results for first-stage regressions

Variable	Shea Partial R2	Partial R2	F (2, 162)	P-value
lnRD	0.3181	0.3181	37.79	0.000

Underidentification tests

Ho: matrix of reduced form coefficients has rank = K1-1（underidentified）

Ha: matrix has rank = K1（identified）

Anderson canon. corr. N*CCEV LM statistic	Chi-sq (2) = 53.44	P-val = 0.000
Cragg-Donald N*CDEV Wald statistic	Chi-sq (2) = 78.37	P-val = 0.000

Weak identification test

Ho: equation is weakly identified

Cragg-Donald Wald F-statistic	37.79

See main output for Cragg-Donald weak id test critical values

三、实证结果分析

表3-6中，FDI 的系数显著性为负，这与近年来一些对生产函数的投入要素进行了内生性处理的研究结果相一致（Aitken and Harrison，1999；Hu and Jefferson，2002；Konings，2001；Xu and Sheng，2011）。Aitken 和 Harrison（1999）认为，之前的研究由于没有剔除生产函数中投入要素的内生性影响，而得出 FDI 产生正的外溢影响的结果，因为 FDI 可能被吸引到生产效率较高的行业和地区。为什么 FDI 对发展中国家特别是技术赶超国家的经济增长产生显著的负影响呢？以往的实证文献中存在两种解释。一方面源自跨国公司 FDI 带来的"竞争效应"（Aitken and Harrison，1999；Hu and Jefferson，2002）。由于跨国公司所拥有的特殊竞争优势能降低自身的边际成本，将原来属于当地企业的消

费者吸引过来,从而,迫使当地企业因市场占有率的下降而减少生产(Görg and Greenaway,2004)。另一方面源自大量经验性研究所提到的"技术差距"解释(Görg and Greenaway,2004)。这一解释认为,只有当跨国公司与当地企业之间的技术差距不是太大时,当地企业才能具备足够的吸收能力,FDI才能促进当地经济的增长。而且,当地企业与跨国公司的差距越大,他们成功获取跨国公司外溢技术的可能性越小(Harris and Robinson,2004)。

表 3-6　　　　　　　　　　最终估计结果

IV (2SLS) estimation						Number of obs = 196
F (5, 163) = 196.31						Prob > F = 0.000
Total (centered) SS	=	1.5876				Centered R2 = 0.8505
Total (uncentered) SS	=	1.5876				Uncentered R2 = 0.8505
lnY	Coef.	Std. Err.	z	P>|z|	[95% Conf. Interval]	
lnL	0.013	0.011	1.10	0.269	-0.009	0.035
lnK	0.085***	0.024	3.50	0.000	0.038	0.133
lnRD	0.186***	0.032	5.82	0.000	0.123	0.248
lnFDI	-0.051***	0.014	-3.78	0.000	-0.078	-0.025
lnTIM	0.007*	0.004	1.75	0.080	-0.001	0.015

Underidentification test (Anderson canon. corr. LM statistic):		53.441
		Chi-sq (2) P-val = 0.000
Weak identification test (Cragg-Donald Wald F statistic):		37.786
Stock-Yogo weak ID test critical values: 10% maximal IV size		19.93
	15% maximal IV size	11.59
	20% maximal IV size	8.75
	25% maximal IV size	7.25
Source: Stock-Yogo (2005). Reproduced by permission.		
Sargan statistic (overidentification test of all instruments):		0.982
		Chi-sq (1) P-val = 0.3217

续表

Instrumented:	lnRD
Included instruments:	lnL lnK lnFDI lnTIM
Excluded instruments:	lnP ln (lagged FDI)

实证结果还显示，R&D 投入对经济增长均产生显著正的影响。R&D 投入每增加 1%，经济产出增加 0.186%。而且，我国的 R&D 产出弹性为 0.186，与美国、法国的 R&D 产出弹性相当，高于英国、日本和德国的 R&D 产出弹性。可见，我国 R&D 对经济增长的贡献已经高于英国、日本和德国等发达国家的 R&D 投入在本国经济增长的作用。本章中 R&D 支出的数据来自《中国科技统计年鉴》中的各地区研究与试验发展（R&D）经费内部支出，包括研究与开发机构、大中型工业企业和高等学校的 R&D 支出。表 3-6 中的实证结果表明，我国研究与开发机构、大中型工业企业和高等学校的 R&D 支出对我国经济增长卓有成效。可见，在我国当前所处的技术赶超阶段，自主 R&D 的贡献不容忽视。

表 3-6 的实证结果表明，技术进口对我国经济增长具有显著的正效应，但其影响程度比较弱。实证结果表明，技术进口的产出弹性仅为 0.007，即：我国技术进口每增加 1%，我国经济产出仅提高 0.7%。这可能是因为我国从国外获取的许可技术相对落后；或者我国企业的技术水平和吸收能力较弱，难以从技术进口中获得经济增长的动力。

第四节 结 论

以往的经验性文献仅仅分析 FDI 对一国经济增长的影响，较少对影响经济增长的多个技术驱动力同时进行研究。针对上述不足，本章在对既有文献进行回顾分析和归纳的基础上，利用 2001~2008 年我国 28 个省级地区的面板数据样本，借助 Cobb-Douglas 生产函数，在通过用工具变量法控制解释变量内生性问题的条件下，实证地考察了内向型 FDI、技术进口、自主 R&D 对我国经济增长的作用，得到如下主要结论。

首先，由于"竞争效应"和"技术差距"的存在，内向型 FDI 对我国经济增长呈现出显著为负的影响。跨国公司在华直接投资越来越倾向于独资化，即便是早期的合资合作企业，外方也通过购买中方股权的方式在逐步实现独资化。另外，跨国并购渐渐成为了跨国公司进入中国的重要方式，而一些被并购的企业大多是行业龙头企业。跨国公司的此类并购，借助自身的技术垄断优势和被并购企业的原有销售渠道，对当地企业造成较大的冲击力，使得当地企业在竞争中处于弱势地位。这一"竞争效应"迫使当地企业减少生产以适应逐步萎缩的市场份额，从而，对当地的经济增长产生负面效应。另外，跨国公司与当地企业的技术差距较大，也使得当地企业很难从跨国公司的技术外溢中获益。因此，当地企业需要积极应对跨国公司在华直接投资所带来的一系列负面效应，通过缩短技术差距的方式，加速扭转 FDI 对我国经济增长影响显著为负的局面。

其次，自主 R&D 投入比技术进口更能促进我国经济增长。技术进口能较快地填补我国企业在某些领域内的技术空白，并为技术赶超积累一定的技术基础。但跨国公司基于维护自身垄断优势和收回前期大量 R&D 投入成本的考虑，向国外转让的一般是相对落后的技术，而将核心的、相对先进的技术控制在母公司内。正如本章实证结果显示，自主 R&D 投入两倍于技术进口对我国经济增长的贡献。所以，为避免我国企业被固化于国际产业分工的低端，我国的技术赶超应建立在自主 R&D 努力的基础上。

第四章 内向型 FDI 对经济增长的动态影响：基于 20 年省际面板数据的实证

FDI 对一国经济增长的影响是当前学术界研究的热门问题。这些经验研究发现，内资企业在从 FDI 中获得技术外溢效应的同时，也面临着来自跨国公司的激烈竞争（Aitken and Harrison，1999）。到目前为止，FDI 对一国经济增长的影响尚未取得一致的结论。以不同国家、地区、行业或企业为研究对象的实证分析，得出了不一样的结论，部分学者认为 FDI 对一国经济增长具有显著的正影响（Driffield，2001；Lee，2006；Todo，2006），另一部分学者认为东道国内资企业并不能从 FDI 中获益，甚至受到负面影响（Aitken and Harrison，1999；Hu and Jefferson，2002；Konings，2001；Xu and Sheng，2011）。为什么会有如此截然不同的结论呢？本章将通过理论模型来分析导致两种可能结论的深层原因，并实证分析近 20 年来 FDI 对中国经济增长的动态影响。

R&D 能促进一国或企业提升技术实力，增强创新能力，但是，技术基础薄弱和 R&D 投入偏低会导致一国或企业的 R&D 效率不高（孙敬水和岳牡娟，2009）。故而，R&D 对一国经济增长的影响有可能因技术基础薄弱或 R&D 投入偏低而不显著。因此，分析 R&D 对我国经济增长的动态影响具有重要的现实意义。

虽然，以往的文献分别探究了 FDI 或 R&D 对一国经济增长的影响，但较少有文献同时研究 FDI 和 R&D 对经济增长的贡献。而且，FDI 和

R&D 对经济增长的长期影响和短期影响是否一致,也有待于进一步深入地研究。本章采用 1991~2010 年中国地区层次的面板数据,将 FDI 和 R&D 纳入同一研究框架,利用二阶段最小二乘法(2SLS)对生产函数进行固定影响模型工具变量法估计,来进一步探讨 FDI 和 R&D 在过去 20 年中对我国经济增长的动态影响。

第一节 理论模型:FDI 对当地企业的影响机制

Aitken 和 Harrison(1999)用一个理论模型描述了外资进入对一个国家当地企业的双重影响:技术外溢与市场竞争。一方面,当地企业可能会从 FDI 的技术外溢中获益。那些在合资或独资企业中工作的员工在外资企业中积累了技术、管理等方面的知识。一旦他们离开外资企业,进入当地企业,他们在外资企业中所学习的知识和技术就能促进当地企业生产力的提高。另外,外资企业的新产品、新生产工艺也有可能外溢给当地企业。而且,当地企业也有可能接受来自上游或下游的外资企业的技术支持。通过以上途径,FDI 都可能由于技术外溢而促进当地企业的生产力增长。而另一方面,外资企业也很有可能,特别是在短期内,降低当地企业的生产力。在不完全竞争的市场上,具有较低边际成本的外资企业相对于当地企业而言更容易提高生产力。在这样的情况下,外资进入当地市场后,能以较低的成本生产类似的产品,从而挤占当地企业的原有市场份额,迫使他们减少生产。这样,当地企业不得不在更小的市场份额中分摊原有的固定生产成本,结果导致单位固定生产成本上升。如果这种市场竞争的影响较大,尽管跨国公司对当地企业同时具有正的技术外溢效应,当地企业的生产力仍然会下降。

如图 4-1 所示,在没有外资进入的时候,当地企业的平均生产成本

曲线为 AC_0，初始产量为 Q_0，平均成本为 C_0；当 FDI 进入当地市场后，由于技术外溢的积极效应，使得当地企业的平均生产成本曲线由 AC_0 变成了 AC_1，这时如果当地企业仍然保持 Q_0 的产量，其平均生产成本将是 C_1；但由于跨国公司的竞争挤占效应，将原来属于当地企业的消费者吸引过去，占有了当地企业的部分市场份额，当地企业不得不减少生产以满足缩小的市场份额，即产量从 Q_0 减少到 Q_1。这样，当地企业只能在较小的产量 Q_1 上平摊固定生产成本，当地企业的平均成本就从 C_0 增加到了 C_2。可见，FDI 对于当地企业的影响表现在平均生产成本的变化上，C_0C_1 代表 FDI 的技术外溢效应，C_1C_2 代表 FDI 的市场竞争效应。当 FDI 的竞争负效应大于其技术外溢正效应时，FDI 会对当地企业的生产力产生负的影响。

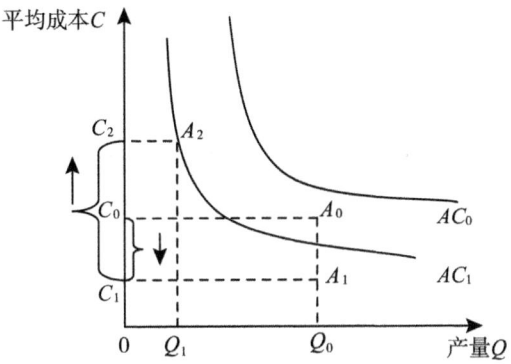

图 4-1 FDI 进入对当地企业生产的负影响

图 4-1 演示了 FDI 对当地企业的生产力产生负影响的理论模型。我们同样可以采用类似的理论模型来解释大多数实证分析中 FDI 对当地企业的生产力产生正影响的情形。如图 4-2 所示，FDI 的技术外溢正效应为 C_0C_1，其市场竞争效应为 C_1C_2，但市场竞争负效应 C_0C_1 小于技术外溢正效应 C_1C_2。所以，FDI 对当地企业生产力的总影响仍然为正。图 1 和图 2 能够较好地解释为什么在以往的不同文献中，会得出 FDI 对当地

企业生产力为正或者为负等两种截然不同的结果。本章将以中国 1991~2010 年 20 年的发展为研究对象，分析 FDI 对我国经济增长的动态影响。

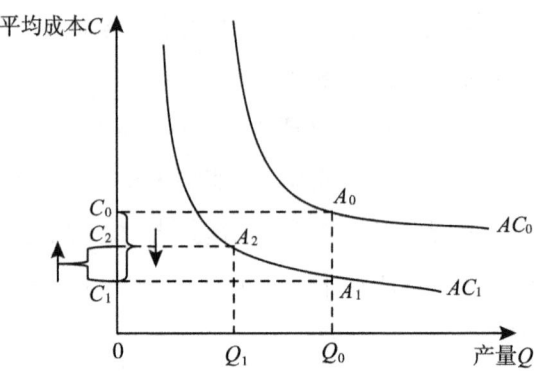

图 4-2　FDI 进入对当地企业生产的正影响

第二节　实证模型与数据来源

一、计量模型

本章运用如下生产函数（4-1）来分析一国的经济增长问题。

$$Q_{jt} = A_{jt} f(K_{jt}, L_{jt}) \tag{4-1}$$

这里 Q_{jt} 指的是 j 地区第 t 年的产出；K_{jt} 代表 j 地区 t 年末的固定资产存量；L 指劳动力投入，用 j 地区 t 年末的就业人口数来衡量。本章假设技术参数 A 是 R&D 和 FDI 的函数，即：

$$A_{jt} = f(RD_{jt}, FDI_{jt}) \tag{4-2}$$

其中，RD_{jt} 为 j 地区 t 年末的 R&D 存量，FDI_{jt} 代表 j 地区 t 年末的累

积外商直接投资。与 Bronzini and Piselli（2009）、Kuo and Yang（2008）等的经验性研究相一致，本章假设关于地区经济的生产函数近似于 Cobb-Douglas 生产函数，把（4-1）式和（4-2）式进行整合，构建如下计量模型：

$$Q_{jt} = K_{jt}^{\alpha} L_{jt}^{\beta} RD_{jt}^{\varphi} FDI_{jt}^{\gamma} e^{u_{jt}} \tag{4-3}$$

为了对（4-3）式进行估计，对原有模型取对数，使它变为线性回归模型（4-4）：

$$lnQ_{jt} = \alpha ln K_{jt} + \beta ln L_{jt} + \varphi ln RD_{jt} + \gamma ln FDI_{jt} + u_{jt} \tag{4-4}$$

其中 u_{jt} 由两个部分组成

$$u_{jt} = \alpha_j + \varepsilon_{jt} \tag{4-5}$$

参数 α_j 是体现各地区之间差异的非观测效应，该效应不随时间而变化；参数 ε_{jt} 是随机误差项。本章先通过 Hausman 检验来决定是采用固定影响模型还是随机影响模型，然后，识别模型和变量的内生性问题，对内生性问题进行工具变量法估计。

二、数据来源

本章的研究数据包括各地区的 GDP 及其指数、固定资产投资及其价格指数、就业人数、R&D 支出和外商投资总额（FDI）等。需要指出的是，回归分析中所有货币变量的单位是亿元，并且以 1990 年为基准年通过平减指数法来控制价格通胀的影响。本章采用的大多数数据来源于 1991~2011 年的《中国统计年鉴》；R&D 支出和 FDI 等数据来源于 1991~2011 年的《中国科技统计年鉴》。现有出版的数据中没有各地区固定资产投资存量，只有各地区的年度固定资产投资额。沿着 Kuo 和 Yang（2008）的思路，本章用永续盘存法计算固定资产投资存量 K 和 R&D 支出存量。

第三节 实证检验

一、检验结果

本章先采用 1991~2010 年 20 年的面板数据,对(4-4)式进行估计。在对(4-4)式进行回归之前,对模型进行了 Hausman 检验(如表 4-1 所示)。整体估计值 χ^2(4)的概率为 0,所以,Hausman 检验拒绝随机影响估计能获得一致性估计的零假设,从而本章的模型适合采用固定影响模型。同时,单位根检验表明本章采用的数据是静态的。

表 4-1　　　　　　　　　　Hausman 检验

	----Coefficients----			
	(b)	(B)	(b-B)	sqrt(diag(V_b-V_B))
	fe (随机影响)	re (固定影响)	Difference	S.E.
lnL	0.131	0.333	−0.202	0.020
lnK	0.202	0.187	0.015	0.001
lnRD	−0.031	0.024	−0.055	0.005
lnFDI	0.119	0.141	−0.021	0.003

b = consistent under Ho and Ha; obtained from xtreg

B = inconsistent under Ha, efficient under Ho; obtained from xtreg

Test: Ho: difference in coefficients not systematic

chi2(4) = (b-B)′[(V_b-V_B)^(−1)](b-B)

= 175.67

Prob>chi2 = 0.0000

由于有关生产函数和经济增长的变量可能存在潜在的内生性问题（Kuo and Yang，2008），本章采用 Davidson-MacKinnon 检验来判定模型和各个解释变量的内生性。沿着 Lin 和 Ma（2012）的思路，本章用 L 的一阶滞后值作为 L 的工具变量；用各地区当年专利申请授权数 P 作为 RD 的工具变量（Hu，2001）；采用 FDI 的一阶滞后值作为 FDI 的工具变量；引入能反映地区生产率的代理变量 RO（用各地区当年运输线路长度中的公路里程数来衡量），它反映了各地区在基础设施方面的区位优势。Davidson-MacKinnon 检验结果发现仅 RD 变量存在内生性问题（表 4-2 所示）。

表 4-2　　　　　　　　**Davidson-MacKinnon 检验**

Fixed-effects（within）IV regression			Number of obs = 570			
Group variable：region			Number of groups = 30			
R-sq： between = 0.6007			overall = 0.5472			
lnQ	Coef.	Std. Err.	Z	P>｜z｜	［95% Conf. Interval］	
lnL	-0.717	1.283	-0.56	0.576	-3.232	1.797
lnK	-0.026	0.288	-0.09	0.928	-0.591	0.539
lnRD	1.231	1.653	0.75	0.456	-2.008	4.471
lnFDI	0.425	0.375	1.13	0.258	-0.311	1.161
_cons	5.539	4.399	1.26	0.208	-3.082	14.161
F test that all u_i=0：	F（29, 536）=		1.80	Prob > F	= 0.0069	
Instrumented：	lnl lnk lnrd lnfdi					
Instruments：	ln（lagged l）lnp ln（lagged fdi）lnro					
Total	Davidson-MacKinnon test of exogeneity：		24.49248	F（4, 532）	P-value = 1.3e-18	
lnL	Davidson-MacKinnon test of exogeneity：		0.349	Chi-sqr（1）	P-value = 0.555	
lnK	Davidson-MacKinnon test of exogeneity：		0.255	Chi-sqr（1）	P-value = 0.613	
lnRD	Davidson-MacKinnon test of exogeneity：		3.236	Chi-sqr（1）	P-value = 0.072	
lnFDI	Davidson-MacKinnon test of exogeneity：		0.985	Chi-sqr（1）	P-value = 0.321	

因此,本章采用固定影响模型的工具变量法解决 RD 变量的内生性问题。将 P 作为 RD 的工具变量,采用二阶段最小二乘法(2SLS)进行估计,实证结果如表 4-3 所示。表 4-3 的回归结果显示,在过去的 20 年中,FDI 和 R&D 对我国经济增长都存在显著的正影响,其中,R&D 投入每增加 1%,产出增加 0.254%;FDI 每增加 1%,产出增加 0.141%。可见,在 1991~2010 年间 R&D 对我国经济增长的贡献高于 FDI。因此,在今后的发展中,我国应增加 R&D 投入,加强 R&D 国际合作,充分发挥 R&D 在经济增长中的作用。

表 4-3 1991-2010 年全部样本数据检验结果

IV (2SLS) estimation					Number of obs = 600	
F (4, 566) = 312.93					Prob > F = 0.000	
Total (centered) SS = 36.549					Centered R2 = 0.624	
Total (uncentered) SS = 36.549					Uncentered R2 = 0.624	
lnQ	Coef.	Std. Err.	z	P>|z|	[95% Conf. Interval]	
lnRD	0.254*	0.107	2.38	0.017	0.045	0.464
lnL	0.045	0.050	0.89	0.376	-0.054	0.143
lnK	0.159***	0.018	9.00	0.000	0.125	0.194
lnFDI	0.141***	0.013	10.98	0.000	0.116	0.166
Underidentification test (Anderson canon. corr. LM statistic):					12.899	
					Chi-sq (1) P-val = 0.0003	
Weak identification test (Cragg-Donald Wald F statistic):					13.106	
Stock-Yogo weak ID test critical values: 10% maximal IV size					16.38	
				15% maximal IV size	8.96	
				20% maximal IV size	6.66	
				25% maximal IV size	5.53	
Source: Stock-Yogo (2005). Reproduced by permission.						
Sargan statistic (overidentification test of all instruments):					0.000	
					(equation exactly identified)	

续表

Instrumented:	lnRD
Included instruments:	lnL lnK lnFDI
Excluded instruments:	lnP

* Significant at the 10% level, ** Significant at the 5% level, *** Significant at the 1% level.

接着，我们分 1991~2000 年和 2001~2010 年等两个时期考察 FDI 和 R&D 对我国经济增长的影响，实证结果如表 4-4 所示。与整个时期的样本检验结果略有不同，1991~2000 年的 10 年间，FDI 对我国经济增长具有显著的正影响，但该时期内 R&D 对经济增长的影响不显著；而在 2001~2010 年的最近 10 年中，R&D 对经济增长的正影响较为显著，但 FDI 对经济增长的影响变为了负效应，且不显著。

表 4-4　　1991-2000 年、2001-2010 年分时期检验结果

period	1991-2000	2001-2010	1991-2010
lnQ	IV (2SLS) estimation	Fixed-effects regression	IV (2SLS) estimation
lnL	0.478	0.025	0.045
lnK	0.339***	0.144***	0.159***
lnRD	0.145	0.049**	0.254*
lnFDI	0.095***	-0.019	0.141***
c		5.35***	
R2	0.7455	0.845	0.624
F	216.77	106.12	312.93
Prob > F	0	0	0
number of obs	300	300	600

* Significant at the 10% level, ** Significant at the 5% level, *** Significant at the 1% level.

二、检验结果解释

　　分时期和整个时期的不同检验结果表明，FDI 对我国经济增长的贡献尽管在整个时期内显著为正，与前 10 年相同，但在最近 10 年中，FDI 对我国经济增长的影响却具有不显著的负效应。这是因为在 90 年代，外资企业才刚刚进入中国市场，外资企业在中国的投资比重较小。1990 年，外商投资企业工业产值仅为 448.95 亿元，仅占全国工业总产值的 2.28%。① 而之后，外商投资企业工业产值占全国工业总产值的比重不断上升，并在 2003 年达到峰值 35.87%，2004 年开始小幅回落，但依然保持在 30% 左右。② 到了 21 世纪，我国加入 WTO 以后，进一步开放了受管制的行业和领域，放宽外资企业的进入限制、经营范围和开业条件。这样，外资加大了对我国的直接投资，我国工业经济对外资的依赖程度逐渐增大。进入中国的外资企业凭借技术、管理、品牌和资本上的相对优势将当地企业逐步挤出市场或使其陷入发展困境，压缩了国内企业的生产空间，迫使国内企业不得不减少生产。而且，自 20 世纪 90 年代以来，外商不断兼并、收购或控股我国大中型企业，这一发展趋势使外资企业迅速占领我国市场，并以先进技术、规模生产和充裕资金等优势提高了行业的进入壁垒，挤压了我国国内企业的发展空间，制约了它们的发展。由于这些原因，外资对我国当地企业的市场竞争负效应正在逐渐增大。

　　而另一方面，为了更好地防止技术外溢，保持技术垄断性，外商投资企业越来越倾向于以独资和控股的方式在我国直接投资。1984 年，我国新增外商独资企业 26 家，仅占外商投资企业总数的 1.2%；③ 但是到了 2010 年，我国新增的外商独资企业达到 22,085 家，比重增加到

---

① 数据来源：2011 年《中国商务年鉴》。
② 数据来源：2011 年《中国商务年鉴》。
③ 数据来源：1986 年《中国统计年鉴》。

70.85%，分别是当年中外合资企业和中外合作企业数量的 4.4 倍和 73.6 倍。① 外商投资企业独资和控股趋势的加强，使内资企业较难从外部获得技术外溢。从而，使得 FDI 对当地企业的技术外溢正效应在逐渐减弱。

由于 FDI 对我国企业竞争负效应的加强和技术外溢正效应的减弱，使得 2001~2010 年间 FDI 对我国经济增长的影响由 1991~2000 年的显著正效应转为不显著的负效应。尽管从 1991~2010 年的整个样本期来看，FDI 对经济增长的影响仍然显著为正，但值得注意的是 FDI 对我国经济增长的影响正在发生阶段性的变化。因此，我国企业应及早采取相应的措施，逆转 FDI 对我国经济增长的竞争效应和技术外溢效应的变化。

另外，我国企业的 R&D 实力也在不断加强，R&D 对经济增长的正影响已经从 1991~2000 年的不显著，转变成了 2001~2010 年的显著。可见，在以后的发展中，我国企业更应该增加 R&D 投入，培养一批高水平的 R&D 人才，加强 R&D 国际合作，从多方位、多层面提高我国企业的 R&D 水平。

第四节　总结与讨论

本章在文献回顾和理论模型分析的基础上，采用我国 1991~2010 年 20 年的省际面板数据，运用 Cobb-Douglas 生产函数，考察了 FDI 和 R&D 在整个样本期、1991~2000 年和 2001~2010 年等分时期内对我国经济增长的影响。根据上述计量模型和实证分析结果，可以看出：

在过去的 20 年中，R&D 对经济增长的贡献经历了一个从不显著到显著的正影响过程。而且，R&D 产出弹性大于 FDI 的产出弹性。可见，

---

① 数据来源：2011 年《中国商务年鉴》。

在我国经济发展过程中，R&D 投资对我国技术进步和经济增长的作用要大于跨国公司在我国直接投资的作用。与世界上发达国家相比，我国 R&D 投入占 GDP 的比重仍然较低。为了实现民族复兴的"中国梦"，我国企业和各级政府还需加大对 R&D 活动的投入力度，培养国际一流的技术研发人才，积极吸引国外优秀人才来华工作；同时，鼓励国内企业积极开展 R&D 国际合作，以合作促发展。从而，有效地促进和发挥 R&D 在我国当前经济增长中的作用。

从整个样本期来看，20 年来，FDI 在我国经济增长中发挥了有效的正作用。我国企业通过跨国公司的示范、学习和模仿效应，获取了一些先进的管理经验、技术技能等，正是这些正效应推动了我国企业的进步和发展。在我国市场进一步开放的今天，跨国公司纷纷对华直接投资，这类投资活动的增加加剧了跨国公司之间对我国本土市场的争夺。竞争加剧的直接结果是跨国公司将原来属于当地企业的市场份额挤占，迫使我国当地企业面临市场占有率的下降而减少生产。另一方面，跨国公司为了保护自身技术外溢，越来越倾向于采用独资或控股地方式在华直接投资。同时，通过高薪减少人员向当地企业的流动。从而，使得当地企业很难从跨国公司处获得相应的技术外溢。

FDI 竞争负效应的加强和技术外溢正效应的减弱能够解释为什么 1991~2000 年间 FDI 对经济增长是显著的正影响，而 2001~2010 年间 FDI 对经济增长的影响转成了不显著的负效应。尽管在 1991~2010 年的整个样本期内，FDI 对我国经济增长的贡献仍然显著为正，但我们仍然需要警惕跨国公司在华竞争状况和投资方式的变化，深刻认识到我国企业所面临的潜在危机。当前我国部分企业已经开始通过并购国外企业、与国外 R&D 机构合作等方式把握技术进步的趋势，力图通过并购学习和 R&D 创新来提高自身的竞争实力，从而，扭转 FDI 对中国经济增长的不显著负影响局面。因此，我国政府还需采取多项政策鼓励我国企业通过跨国并购的方式"走出去"，"走进去"，积极与国外 R&D 机构合作，以接触技术发展的前沿，迅速提升我国企业的技术实力。

第五章　内向型 FDI 对中国出口竞争力的影响

自 18 世纪中叶以来,扩大出口一直是世界上大多数国家经济努力的目标,由此也产生了一系列研究出口的相关理论。传统的重商主义将国际贸易顺差作为国家获取财富的唯一手段,主张政府奖励出口、限制进口;凯恩斯(Keynes)在"新重商主义"中提出了"进口会对本国的国民收入和产出产生倍缩效应,而出口能对本国国民收入和产出产生倍增效应"的经典论断;英国经济学家高德莱也指出实施"奖出限入"政策,促进出口扩张、保持贸易顺差,直接关系到一国国民收入的提高和充分就业的实现。贸易保护论在强调政府干预和贸易顺差的同时也揭示了出口对国家发展和人民生活的促进作用。同样,在贸易自由论中,亚当·斯密(Adam·Smith)以绝对优势理论描绘了各国在充分发挥绝对优势的基础上从产品出口中所能获得的利益;大卫·李嘉图(David·Ricardo)指出了一国生产并出口具有比较优势的产品能使国家从中获益;在要素禀赋理论中,赫克歇尔(Eli·F·Heckscher)和俄林(Bertil·G·Ohin)认为一国应该多出口较密集地使用由该国丰裕生产要素制造的产品,而进口较密集地使用由该国稀缺生产要素制造的产品。不论是贸易保护论还是贸易自由论都阐述了出口竞争力对于一个国家的重要性。时至今日,出口竞争力仍然能从一个侧面反映一个国家的经济发展实力,能够折射出不同国家在不平等的国际分工体系中的地位。发达国家主要生产和出口高附加值的高级制成品,获取产品价值创造中的大部分利润；而发展中国家则集中于生产和出口低附加值的初级产品和简单制成品，获得少量收益。这种不平等的国际分工体系主要源于发展中国家在技术和管理水平上的落后。

内向型 FDI（Inward FDI）的发展正在打破完全由本国企业制造出口产品的传统，跨国公司通过在东道国的直接投资，或者就地利用当地的资源和廉价劳动力，或者进口在当地生产所必须的原材料，在东道国完成最终产品的生产和加工。因而，内向型 FDI 在改变发展中国家进出口格局的同时，也在影响发展中国家出口竞争力的变化（Behra, 2010; Zhang, 2015; Sawan, 2014）。内向型 FDI 通过资本形成、产业结构和技术溢出等途径对我国出口竞争力产生影响（邱立成、刘文栋，2014），但实证研究并没有得出一致的结论（刘艳、黄苹，2015；宋红军，2012）。这可能是由于研究对象的国别、行业、时期不同，研究的数据类型不同，模型差异等因素造成的，而且以往的研究较少考虑到内向型 FDI 对出口竞争力的滞后影响。另一个影响出口竞争力的主要因素即是汇率波动。汇率是国际结算所采用的一个重要尺度。汇率变动会直接冲击国内出口产品的出口定价和出口数量，进一步影响到产品的出口竞争力和国内的经济增长（陈斌开等，2010；刘柏、张艾莲，2013；Zia and Mahmood, 2013）。为了深入地考察影响我国出口竞争力的因素，本章将内向型 FDI、滞后期 FDI 和汇率波动作为解释变量，基于 1983~2014 年的数据展开实证研究。一方面，通过实证分析测度影响我国出口竞争力的因素，为我国出口竞争力的提升提供参考建议；另一方面，有利于从发展中国家的研究角度丰富国际贸易理论和国际直接投资理论。

全文剩余部分结构安排如下：第二部分通过数据统计方法阐述中国出口竞争力的演进；第三部分对近年来国内外学者的相关文献进行了回顾；第四部分从实证角度分析了内向型 FDI、滞后 FDI 和汇率波动对中国出口竞争力的影响；最后部分是本章的结论与启示。

第一节 中国出口竞争力的演进

一、中国进出口的变化趋势

改革开放 30 多年来，我国国际贸易取得了突飞猛进的发展。特别是从 1983 年到 2014 年的 30 多年间，我国产品进出口总额以 16.55% 的年平均增长率从 436.2 亿美元增加到了 43015.27 亿美元，增长了近 100 倍。其中，出口总额从 222.26 亿美元增加到 23422.93 亿美元，年平均增长率达到 16.81%，增长了 100 倍多；进口总额以 16.67% 的年平均增长率从 213.9 亿美元增加到 19592.35 亿美元，比 1983 年增加了 91 倍之多。我国产品进出口总额呈上升趋势（如图 5-1 所示），但在 2009 年受世界金融危机的影响我国产品进出口出现了短暂地下滑。2010 年之后，我国产品进出口又开始上升。

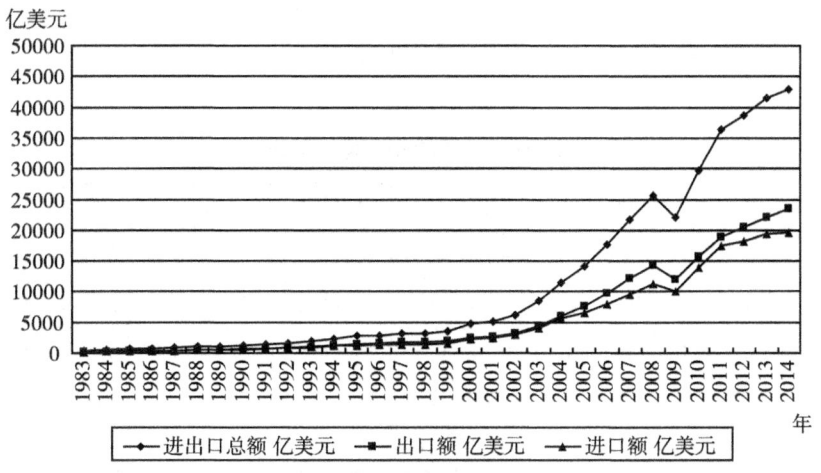

数据来源：《中经网统计数据库》

图 5-1 中国产品进出口总额变化趋势

二、中国出口竞争力的测度

贸易竞争指数（TCI）、显示性比较优势指标（RCA）、国际市场占有率等都是衡量出口竞争力的指标。根据数据的可得性，本文运用贸易竞争指数（TCI）来测度中国的出口竞争力。贸易竞争指数（Trade Comparative Indicator，简称TCI）是指一个国家某种产品的净出口额（贸易差额）在该类产品进出口总额中所占的比重。用公式表示为：

$$TCI = (E_{ij} - I_{ij}) / (E_{ij} + I_{ij}) \quad (5-1)$$

其中，TCI 为贸易竞争指数，E_{ij} 指 i 国 j 类产品的出口额，I_{ij} 为 i 国 j 产品的进口总额。贸易竞争指数 TCI 的有效范围在 -1 与 1 之间。当 TCI > 0 时，表明该国在该产品出口上有比较优势，指数越接近于 1，表明该国在该产品上的出口比较优势越强，即该国该产品具有较强的出口竞争力；反之，当 TCI < 0 时，则表明该国在该产品出口上处于比较劣势，而且指数的绝对值越大，说明该产品的出口竞争力越弱；而当 TCI = 0 时，则说明该产品的进出口纯属与他国进行产业内交换，既不具备比较优势也不具有比较劣势。经过计算，我们得出了 1983～2014 年中国产品贸易竞争指数（如表 5-1 所示）。

表 5-1　　　　　　中国产品贸易竞争指数（TCI）

时期（年）	1983	1984	1985	1986	1987	1988	1989	1990	1991	1992	1993
TCI	0.02	-0.02	-0.21	-0.16	-0.05	-0.08	-0.06	0.08	0.06	0.03	-0.06
时期（年）	1994	1995	1996	1997	1998	1999	2000	2001	2002	2003	2004
TCI	0.02	0.06	0.04	0.12	0.13	0.08	0.05	0.04	0.05	0.03	0.03
时期（年）	2005	2006	2007	2008	2009	2010	2011	2012	2013	2014	
TCI	0.07	0.10	0.12	0.12	0.09	0.06	0.04	0.06	0.06	0.09	

数据来源：根据《中经网统计数据库》中数据计算而得。

由表中数据可知，1984~1989年间，我国产品的贸易竞争指数为负，说明这一时期我国产品出口处于比较劣势。1990年之后（1993年例外），我国产品的贸易竞争指数为正，说明了我国产品出口具有了一定的比较优势。尽管从1994年开始，我国产品的贸易竞争指数始终为正，但其值一直在0.1左右徘徊，最大值为1998年的0.13，可见，我国产品出口虽然具备了一定的比较优势，但还需要进一步地加强。

第二节 相关文献回顾

一、内向型FDI与出口竞争力的关系

国外有关FDI与出口竞争力的研究最早起源于著名日本学者小岛清的边际产业扩张论。1977年，日本学者小岛清提出，FDI对东道国的外贸存在创造和补充效应，能更好地推动一国对外贸易的发展，增强该国产品的出口竞争力。近年来，国外学者对二者关系的研究主要聚焦于发展中国家的印度和中国。Behra（2010）分析了印度食品加工业吸引FDI对出口竞争力的影响，结果显示，FDI对印度食品加工行业的出口竞争力具有显著的正影响。Sawant（2014）研究了全球化背景下印度农业的优势和劣势，他发现2000~2010年期间内向型FDI对印度农业出口具有正效应。Zhang（2015）基于中国2005~2011年期间21个制造业在31个地区的面板数据，得出了FDI在出口数量扩张中起到了关键作用，但在技术提升方面的贡献比较有限的结论。

国内一些学者从宏观角度分析了FDI对我国出口竞争力的整体影响。文东伟、冼国明和马静（2009）分析了1980~2006年外资流入对我国出口竞争力的影响。他们的研究结论表明，FDI大规模流入中国，

不仅促进了中国的产业结构升级，而且提高了中国出口占世界市场的份额，从而提升了中国的出口竞争力。邱立成、刘文栋（2014）通过统计和描述性分析得出，FDI 通过资本形成、产业结构及技术溢出路径对我国出口竞争力造成影响。其中，FDI 通过资本形成路径对我国出口的绝对数量增长有明显的促进作用；但 FDI 通过产业结构升级和技术溢出路径对我国出口竞争力的作用则十分有限。

部分学者基于制造业行业的面板数据，得出了截然不同的结论。刘艳、黄苹（2015）根据中国制造业 2000~2011 年的面板数据进行了实证分析，研究发现生产者服务业 FDI 更有利于资本技术密集型制造业出口竞争力的提升。而宋红军（2012）基于中国 2001~2010 年间 33 个工业行业的面板数据分析了外商直接投资对中国内资企业出口竞争力的影响，结果表明外商直接投资的流入不利于资本密集型行业内资企业出口竞争力的提高，但对劳动密集型行业内资企业的出口竞争力具有显著的促进作用。值得注意的是，以上两篇文献在 FDI 对资本密集型行业出口竞争力的影响上具有相反的结论。另外，Buckley 等（2002）对中国 1995 年的跨部门数据进行了分析，他们指出国有企业从内向型 FDI 中没有获得利益，与集体所有制企业获得的正溢出效应相比，国有企业只是接受了海外投资者的负面溢出效应。

综上所述，以往有关内向型 FDI 对出口竞争力影响的研究还未得出一致的结论，究其原因在于研究对象、数据类型、实证模型的差异及对 FDI 滞后效应的忽视。实际上，内向型 FDI 从最开始的资金投入到转化为企业的基本建设投资、固定资产投资和更新改造投资等生产性投资；从开始正常生产到产品出口，都需要经历一段时间。因此，内向型 FDI 对中国出口竞争力的影响可能具有一定的滞后性。鉴于此，本章将利用 1983~2014 年中国内向型 FDI 和产品贸易竞争指数（TCI）数据进行实证检验，以检验内向型 FDI 及其滞后性对中国产品出口竞争力的影响。

二、汇率波动对出口竞争力的影响

国内外文献中仅有少数学者对汇率波动对贸易和出口竞争力的影响进行了实证研究。陈斌开、万晓莉和傅雄广（2010）基于产业层面的数据分析了人民币汇率对我国出口厂商国际竞争力的影响。研究结论表明，汇率升值导致绝大多数产业出口价格出现不同程度的降低，许多产业的出口厂商并不完全通过调节人民币计价的出口价格来吸收汇率变动，而是将人民币汇率升值转嫁到进口国。刘柏、张艾莲（2013）认为，随着我国对外贸易开放程度的不断深入，人民币汇率对我国出口竞争力的调节作用越来越明显，人民币汇率对我国出口产生了动态正向的影响。Zia and Mahmood（2013）以巴基斯坦制造业为例分析了汇率贬值对出口价格竞争力的影响。他们的研究结果表明，汇率波动抵消了汇率贬值对巴基斯坦制造业出口的正影响，因此，该国在制造业出口方面的增长比较缓慢。

从理论上讲，汇率波动能够引起国内和国际两个市场产品相对价格的变化，从而进一步影响一国的进出口和贸易收支。一个国家为了增加出口和提高商品的国际竞争力，往往可能实施货币贬值政策。一旦本币的名义汇率贬值，本国产品的相对价格就会降低，外国产品的相对价格就会提高，这样，出口产品的价格竞争力就可能增强，从而有利于扩大出口、限制进口，促进贸易收支平衡。所以，汇率波动对出口竞争力有着不可忽视的影响。

第三节 理论模型的实证检验

为了具体验证内向型 FDI 和汇率（Exchange Rate，简称 ER）波动对中国产品出口竞争力的影响作用，我们对此作进一步的实证计量分析。

由于汇率可能对内向型 FDI 产生影响，因此，FDI 与 ER 这两个解释变量之间可能存在多重共线性的问题。为了剔除多重共线性的影响，我们采用差分方程模型。同时，为剔除模型中可能存在的随机误差项序列相关和异方差问题，本章采用可行广义最小二乘法（FGLS）对模型进行估计。以中国 1983~2014 年的出口竞争力、内向型 FDI 和汇率为研究对象，结合内向型 FDI 的滞后性影响，我们建立如下两个差分方程模型：

模型一：$\Delta TCI_t = \alpha_0 + \alpha_1 \Delta FDI_t + \alpha_2 \Delta FDI_{t-1} + \alpha_3 \Delta ER_t + \varepsilon_t$ （5-2）

模型二：$\Delta TCI_t = \alpha_0 + \alpha_1 \Delta lnFDI_t + \alpha_2 \Delta lnFDI_{t-1} + \alpha_3 \Delta lnER_t + \varepsilon_t$ （5-3）

其中，α_0 为常数项，α_1、α_2、α_3 分别代表各个解释变量的对应系数，ε_t 为随机残差项，ln 为自然对数符号，Δ 为一阶差分符号，FDI_t 为第 t 期的内向型 FDI，FDI_{t-1} 为第 $t-1$ 期的内向型 FDI，ER_t 为第 t 期的汇率值。这里汇率采用直接标价法，选用中美汇率作为研究的数据，如 2014 年的汇率为：1 美元 = 6.1428 元。模型数据来源于《中国统计年鉴》和《中经网统计数据库》。

将数据代入（5-2）式进行回归分析，得出如下回归结果（如表 5-2 所示）：

表 5-2　　　　　　　　　　模型一回归结果

Dependent Variable: ΔTCI_t
Method: FGLS

Varables	Coef.	Std. Err.	t	P>|t|
ΔFDI_t	−0.0002	0.0002	−0.77	0.446
ΔFDI_{t-1}	0.0001	0.0002	0.37	0.717
ΔER_t	0.0211	0.0191	1.11	0.278
_cons	0.0042	0.0149	0.28	0.781
Durbin-Watson statistic（original）	1.642			
R-squared	=0.0814			

由回归结果可知，(5-2) 式的拟合优度 R2 值仅为 8.14%。DW 值为 1.642，DW 值显示不存在序列相关。结果表明，内向型 FDI 的当期值对出口竞争力的影响为负，而其滞后一期值和汇率对出口竞争力的影响为正，但这三个解释变量的系数值均不能通过显著性水平 t 检验。因此，模型一的解释力有限。于是，本章接着对模型二进行回归，得出如下回归结果（如表 5-3 所示）：

表 5-3　　　　　　　　　模型二回归结果

Dependent Variable：$\triangle TCI_t$
Method：FGLS

Varables	Coef.	Std. Err.	t	P>|t|
$\triangle lnFDI_t$	−0.1037*	0.0552	−1.88	0.072
$\triangle lnFDI_{t-1}$	−0.0086	0.0655	−0.13	0.896
$\triangle lnER_t$	0.1458	0.1307	1.12	0.275
_cons	0.0153	0.0129	1.18	0.247
Durbin-Watson statistic（original）	1.559			
R-squared　　=0.1965				

（备注：表中*，**，***分别表示在10%，5%，1%水平上具有显著性）

由表 5-3 可知，模型二的解释能力明显高于模型一，(5-3) 式的拟合优度 R2 值达到了 19.65%。DW 值为 1.559，显示不存在序列相关。结果显示，内向型 FDI 对我国出口竞争力具有负的显著性影响。滞后一期的内向型 FDI 对出口竞争力也存在负面效应，而汇率波动对我国出口竞争力的影响仍然为正。但滞后一期的 FDI 值和汇率波动对我国出口竞争力的影响都不显著。在模型一和模型二中剔除滞后一期 FDI 变量，得出的回归结果与表 5-2、表 5-3 的结果一致。同时，在模型一和模型二中加入滞后一期汇率 ER 变量，得出的结果也与表 5-2、表 5-3 的结果相同。由于，表 5-2 中的解释变量都不显著。因此，我们将表达式（5-3）

作为模型的最终表达式，并以表 5-3 的结果作为本章的实证结论。

实证分析结论：

从模型二的回归分析结果中，我们可以得出以下几个结论：（1）内向型 FDI 对我国出口竞争力具有显著的负效应，这说明我国的出口竞争力在很大程度上与跨国公司在我国的内向型 FDI 相关，内向型 FDI 的增长强度与中国出口竞争力的提升幅度呈负相关关系，即：当期内向型 FDI 增长强度越大，中国出口竞争力的提升幅度反而越小，该研究结果与 Buckley 等（2002）研究结果存在部分一致性，即，内向型 FDI 有可能在中国产生负面的溢出效应。这可能是因为外资企业更多的投资于资本及技术密集型行业的劳动力密集的生产环节，如加工、装配、组装等转移到中国，而对于需要大量资本和复杂技术的制造、设计及研发等资本和技术密集的生产环节仍保留在母国（文东伟等，2009；Branstetter and Lardy，2006）。这样，外资企业在华 FDI 的主要动机在于寻求我国广大的市场，而非出口；（2）滞后一期的内向型 FDI 对出口竞争力也具有负面影响但不显著，由此可知，前期内向型 FDI 的变化对出口竞争力变化没有显著的影响；（3）汇率对出口竞争力具有正影响但不显著。这可能是因为本章采用的是人民币对美元的汇率，随着人民币、欧元等货币体系的完善，美元在世界贸易体系中的主导地位在逐渐下降。因而，美元与人民币之间的汇率波动对我国出口竞争力的影响并不显著。

第四节　结论与启示

基于 1983~2014 年数据的实证分析，本章发现内向型 FDI 的增长强度对我国出口竞争力的提升幅度反而具有一定的抑制作用；而滞后期 FDI 和汇率波动对我国出口竞争力没有显著的影响。基于以上结论，我们得出了以下几点启示。

一、引导内向型 FDI 向核心价值链环节转移

本章的实证研究结果表明，内向型 FDI 的增长强度与中国出口竞争力的提升幅度呈负相关关系，内向型 FDI 的增长强度越大，中国出口竞争力的提升幅度越小；反之，内向型 FDI 的增长强度越小，中国出口竞争力的提升幅度越大。这一方面可能是因为内向型 FDI 的增长带动了跨国公司对国外子公司零部件的进口或国外原材料的进口，从而促进了我国产品进口总额增长；而另一方面跨国公司将中国作为最终产品的消费市场，在我国生产的产品很大一部分在中国销售，而不是出口。这样，跨国公司在中国投资对中国进口增长的影响高于出口增长，结果导致我国产品出口竞争力增长缓慢。因此，在这种情况下，我们有必要引导内向型 FDI 向核心价值链环节转移，将产品生产中比较关键的生产环节转移到中国，而不是只将中国作为简单的加工组装基地和最终产品消费市场。这样将有利于我国企业学习到先进技术和管理经验，有利于我国企业的自主创新，同时，也能增强内向型 FDI 对我国产品出口的拉动作用，提升我国产品出口竞争力。

二、推动人民币结算或多种货币结算方式

实证结果表明，美元对人民币的汇率变化与我国出口竞争力变化成正比，但该影响并不显著。这是因为美元在国际货币结算体系中的主导地位在逐渐削弱。环球银行金融电信协会（SWIFT）的数据显示，2014 年 11 月人民币已取代加拿大元和澳元成为国际结算体系中第五大支付货币。到 2014 年 12 月，人民币的支付货币市场份额达到了 2.17%，接近日元的 2.69%，成为继美元、欧元、英镑和日元之后的第五大支付货币。当前，美元、欧元、英镑在全球支付中所占有的份额分别为 44.6%、28.3%和 7.92%。尽管美元作为国际货币结算的货币仍然占有

较大的比例,但这一比例正在逐年下降。而人民币作为国际货币结算的货币,其支付数量正在逐年增加,2014年人民币支付数量较2013年增长一倍,较2012年增长2.61倍。统计数据表示人民币已经从"发展中货币"变成跨国经营企业常用的支付货币。有鉴于此,建议在产品进出口中进一步推动人民币结算或选择多种货币结算方式,进一步降低单一汇率波动对我国产品出口竞争力的影响。

微 观 篇

第六章 跨国公司在华直接投资的特征研究：以法国企业为例

由于经济疲软和政治不稳定，2012年全球FDI下降了18%，发展中国家已经超越发达国家成为FDI的主要接受国。根据《世界投资报告2013》的数据统计，中国已经成为了仅次于美国的世界第二大外商直接投资（FDI）流入国。在华FDI持续以较高的速度增长，根据《中国统计年鉴》的数据统计，其总额已从1985年的19.561亿美元增加到了2011年的1160.099亿美元，年平均增长率达21.29%。法国作为欧盟的主要成员国，已成为中国的第四大投资来源国和第二大技术引进国，而且是中国在欧盟的第四大贸易伙伴，其在华FDI也经历了一系列变化。本章将对法国在华FDI的现状、特征及趋势进行系统地分析。

第一节 法国企业在华直接投资的现状

法国企业对中国的直接投资经历了几十年的发展。从1985年的0.325亿美元增加到了2011年的7.685亿美元。其中，2010年法国对华FDI一度达到12.382亿美元的历史高度。法国企业对华直接投资大致经历了如下三个阶段：探索阶段（1992年以前）、快速发展阶段

(1993~2000)、波浪式增长阶段（2001~至今）（如图6-1所示）。

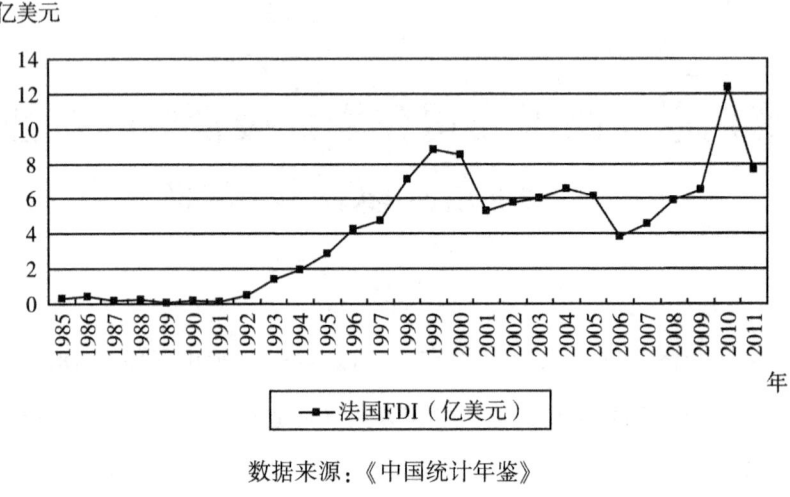

数据来源：《中国统计年鉴》

图6-1　1985~2011年法国企业在华FDI的发展

一、法国在华FDI的发展阶段

在1992年以前，对华直接投资的法国企业数量很少，总额较低。这是因为当时中国市场还没有完全放开，国家对外国跨国公司对华直接投资进行严格的管理和控制。例如：在汽车市场上，只有为数不多的跨国公司在中国建立了6家合资企业，其中就包括1985年法国标致公司与广州汽车厂建立的合资企业。由于对中国市场和环境的不了解，法国标致于1997年从合资企业中撤资。而且，1992年之前，中法两国的关系由于受政治因素（人权问题及法国向台湾地区出售武器问题等）的影响，较长时间处于低潮状态。基于以上原因，在1992年之前法国在华FDI增长极其缓慢。

1993~2000年，法国企业在华直接投资进入了快速发展阶段。这一阶段法国在华 FDI 呈稳步上升态势。一方面是因为 1992 年邓小平同志南巡讲话后，推动了我国经济增长和改革开放的步伐，越来越多的跨国公司开始在中国投资；另一方面，在同一时期法国提出了"走向亚洲"的新战略，中法关系重新好转。这一时期，法国企业纷纷在华直接投资，其中大多数以独资或合资的形式进入中国，投资区位主要集中在北京、上海、广州、武汉等大城市。

2001 年加入 WTO 以后，我国逐渐放开了多个行业和领域对 FDI 的限制。除了法国以外，欧美其他发达国家的跨国公司和亚洲各国的跨国公司加大了对华 FDI。法国在华 FDI 从 2001 年开始，一直处于波浪式增长状态。尽管从 2005 年开始投资总额有所下降，但 2006 年开始又呈现出增长的态势。

二、与英、德等欧盟主要成员国的对比

这些年来，中国已经成为了世界第二大 FDI 流入国。与英国、德国等主要欧盟成员国相比，1993~1998 年英国在华 FDI 高于法国和德国；而 1999~2009 年间德国在华 FDI 经历了快速增长，超过英国和法国；但从 2010 年开始，法国在华 FDI 开始超过英国和德国（如图 6-2 所示）。1985~2011 年间，法国在华 FDI 于 2010 年达到 12.382 亿美元的最大值，而英国在华 FDI 则在 1997 年达到最大值 18.595 亿美元，德国于 2006 年达到 19.787 亿美元的最大值。总的说来，英、法、德等欧盟主要成员国在华 FDI 从 1993 年开始处于一种波动上升的状态。

同时，就英、法、德三国在华 FDI 占流入中国 FDI 总额的比重来看，1985~2011 年法国在华 FDI 占流入中国 FDI 总额的比重在大多数年限内低于英国和德国，除了早期（1986 年和 1987 年）和最近的 2010 年（如图 6-3 所示）。尽管法国在华 FDI 占流入中国 FDI 总额的百分比并不是太高，但法国企业对华直接投资有其独特的特征。

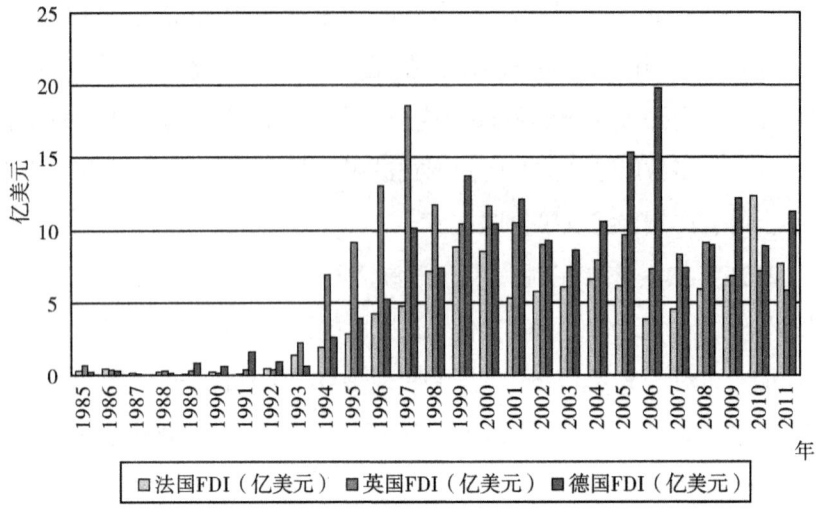

数据来源:《中国统计年鉴》

图 6-2　1985~2011 年英、法、德主要欧盟成员国在华 FDI 的发展

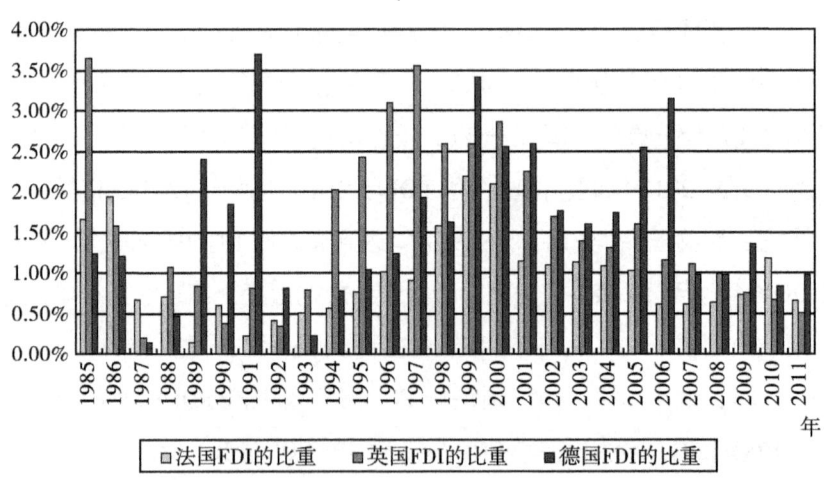

数据来源:《中国统计年鉴》

图 6-3　1985~2011 年英、法、德在华 FDI 占流入中国 FDI 总额的比重

第二节 相关文献回顾

从 20 世纪 60 年代始，国际直接投资理论开始兴起并发展起来。作为发达国家之一的法国，其跨国公司的对外直接投资必然遵循了一定的规律，部分国际直接投资的理论可以用来解释法国企业对中国这样的发展中国家的直接投资。

一、市场不完全与垄断优势

海默（Hymer）的垄断优势理论认为，一国和国际市场的不完全性，致使跨国企业获得垄断优势，并通过 FDI 的方式来利用自身的垄断优势。这种市场的不完全性存在于如下四个方面：第一，产品市场的不完全（由产品的差异性、商标、特殊的市场技能或价格联盟等原因造成的）；第二，要素市场的不完全（由特殊的管理技能、资本市场上的便利及受专利制度保护的技术差异等造成的）；第三，由于规模经济造成的市场不完全；第四，由政府的有关税收、关税、利率和汇率等政策原因造成的市场不完全。以上市场的不完全性致使跨国公司拥有如下五个方面的垄断优势：第一，技术优势（包括生产秘密、管理组织技能和市场技能）；第二，组织优势（包括规模经济、寡占市场结构和行为）；第三，易于利用过剩的管理资源的优势；第四，易于得到廉价资本和投资多样化的优势；第五，易于得到特殊原材料的优势。正是由于跨国公司具有以上一种或几种垄断优势，使得它们能够克服在外国投资的附加成本，抵消东道国当地企业的优势，从而在对外直接投资活动中获得收益。

二、区位优势

邓宁（Dunning）的国际生产折衷理论把跨国公司的特定优势分为三类，即：所有权优势、内部化优势和区位优势。其中，区位优势则是指跨国公司在对外投资的区位选择上所拥有的特定优势，它包括直接区位优势和间接区位优势两种类型。直接区位优势是指因东道国的某些有利因素形成的区位优势，如低廉的劳动力成本、广阔的销售市场、政府的优惠政策及获得原材料的便利等。而间接区位优势是指因东道国的某些不利因素形成的区位优势，比如出口运输成本较高、贸易壁垒等。

三、国际竞争优势之———相关和支撑产业

波特（Porter）在其决定国际竞争优势的钻石模型中把决定一国某一产业集群是否具有竞争优势的条件归结为四个方面：生产要素；需求状况；相关和支撑产业；公司战略、结构和竞争状况。波特在研究中发现，一个国家的成功行业往往是由很多相关行业组成的一个行业群。相关和支撑产业对高级生产要素的投入所产生的效益可以波及另一个行业，具有国际竞争力的供货行业和相关行业，能帮助国内的某一行业在国际市场上确立竞争地位。

四、进入国际市场的多种方式

出口、许可协议、战略联盟（合资合作）、收购和新建全资子公司被认为是企业进入国际市场的五种方式。在进入国际市场的初期，出口、许可协议和战略联盟被认为是合适的进入方式。因为采取出口方式进入东道国市场的公司只需在分销上投资，而无需在国外进行制造方面的投入。许可协议通过对生产和销售的产品收取一定的许可费而允许东

道国公司购买其在本国或他国生产和销售公司产品的权利。小公司在国际扩张的初期倾向于选择出口和许可协议。战略联盟是跨国公司通过寻求东道国市场的本地公司作为合作伙伴，充分利用本地公司熟悉和了解本国竞争条件、市场环境、法律、文化和政策等优势，降低在东道国投资的风险。而收购和新建全资子公司一般出现在国际化战略的后期阶段。对于拥有足够资源的大型跨国公司，采取收购和新建全资子公司的方式对外直接投资成功的可能性较大。

第三节 法国企业在华直接投资的特征

一、以先进技术为垄断优势对华直接投资

法国企业在长期的发展过程中形成了以先进技术为主导的垄断优势。法国企业对华直接投资正是法国企业将其垄断技术优势运用于中国市场，寻求利润最大化的过程。一些大型的法国企业如法国电力集团、法国水务集团、法马通集团、阿尔斯通集团等就是利用企业自身的技术优势在华投资，通过合作弥补中国企业在技术领域内的不足。当前，我国正在大力发展新能源产业，而法国企业在这方面具有较多的独特技术优势，这一优势促进了法国企业在中国的直接投资。以核能为例，法国电力公司基于 40 年的核电发展经验，开发新型核反应堆，装机容量约为 100 万~150 万千瓦。同时，法国拥有全球领先的乏燃料后处理技术。核能成为了中法能源合作的重点。法国电力公司自 20 世纪 80 年代初参与中国大亚湾核电项目的建设和运营，与中国已经有了 20 多年的核电合作基础，并在中国核电发展中发挥了重要的作用。在此背景下，法国电力公司和中国广东核电集团（中广核）签订了核电合作协议，共同投资建设广东台山第三代 EPR 核电站。大亚湾核电站和岭澳核电站委

托法国电力集团和法马通集团完成。阿尔斯通集团也参与了很多污染性小的热电站项目建设。大亚湾核电站、岭澳核电站的成功建设和安全运营,以及台山核电站一期工程的顺利建设都代表了法国核能企业在华直接投资的成功。2010 年,法国阿海珐集团(Areva)与中广核集团签署了为期 10 年,价值 25 亿欧元(约合 35 亿美元)的 2 万吨铀的长期供应合同,同时法国设备供应商阿尔斯通集团(Alstom)与中广核则签署了价值约 1500 万美元的核岛放射性流出物处理设备的采购合同。法国企业在核能领域内与中国企业的合作充分体现了法国企业利用先进技术对外直接投资的国际化发展战略。

二、充分利用中国作为东道国的区位优势

中国作为世界上最大的发展中国家,拥有广阔的市场潜力。与法国相比,中国还拥有相对廉价的劳动力和一些吸引外资投资的优惠政策。部分法国企业看中了中国作为东道国的区位优势,大力发展在中国的直接投资。最有代表性的法国企业就是法国水务集团。中国广大地区缺乏提高供水服务需要而耗资巨大的供水设施建设、供水管网改造和污水处理工程。世界知名水务企业——法国威望迪水务集团正是看中了中国作为东道国所特有的区位优势,即:中国城市污水处理市场的巨大潜力而加大了对中国的污水治理市场的投资。该公司在成都投资建成了日处理能力 40 万吨的净水处理厂。早在 1997 年,他们就在天津成功改造了一座落后水厂。2001 年 7 月,法国威望迪水务集团与陕西省宝鸡市还签署了合作建设城市供水及污水处理的协议,总投资达 6500 万美元。法国威望迪曾参与过上海浦东自来水公司的收购重组工作,2003 年又收购了国有独资企业深圳水务。到 2011 年,外商介入我国城市供水业已有 20 年,其中以全球最大的水务集团法国苏伊士里昂水务和法国威望迪集团为首,国内已有成都、宝鸡、青岛、沈阳、天津、深圳等十多个城市出现了"洋水务"。全球最大的两家水务公司法国威望迪集团、法

国苏伊士里昂水务集团早已将中国作为其全球市场的重要部分。威望迪集团于 1998 年始加强了在中国市场的争夺，其在华投资超过了 10 亿美元。而最早进入我国市场的苏伊士里昂水务集团已参与了我国 100 多个水厂的建设。可见，法国企业对我国城市供水业的直接投资主要是以中外合作的方式展开的。

三、相关和支撑产业 FDI 的连带效应

正如波特的国家竞争优势理论所论述的，一个行业的成功离不开与之相关的行业和支撑行业。法国一些行业的成功也与其相关和支撑行业的发展密不可分。一些大型法国企业在中国直接投资的同时，也伴随着相关和支撑行业的法国企业进入中国市场。例如：最早进入中国电力行业的法国电力公司持有多家热电厂股份，并且于 2011 年签署了一项在未来 50 年里与中国广东核电集团共同拥有和运营台山核电站的协议。在法国电力的带动下，一批电力行业的相关和支撑行业也在华进行了直接投资，如：为电力行业提供配套设备的公司：阿尔斯通、施耐德电气等；一些专门为中国电力系统生产小型配件的公司：生产低压配电、工业连接器、开关插座、照明线路等。相关和支撑产业 FDI 的连带效应，在汽车行业也尤为明显。从 1992 年法国标致雪铁龙与东风汽车公司合资合作成立神龙汽车有限公司以来，法国雷诺也与东风汽车公司建立合资企业。同时，一些法国的汽车零部件配套生产企业也伴随法国汽车企业在华直接投资。因而，法国企业对华直接投资也带动了其相关和支撑行业的企业进入中国市场投资。

四、多种进入方式并存

理论上认为，出口、许可协议和战略联盟适合早期的国际化战略，而收购和新建全资子公司是有足够的实力、资源和竞争优势的大型跨国

公司所采用的进入战略。法国企业中一些行业的大型跨国公司往往采用战略联盟的形式与中国企业合作进入中国市场，像法国电力公司、法国水务集团及法国汽车公司等。除了这些具有技术垄断优势的大型跨国公司外，法国的一些中小企业也纷纷对华进行了直接投资。部分企业以出口的方式逐步开展在中国的发展，根据法国海关的统计数据显示，2005~2010年，法国对中国的出口企业数量从5000家迅速增长到10000家，涨幅约1倍左右。截至2010年，超过1000家法国企业在中国共设立了2500家分公司或办事处，近两年增长约23%。另外，法国企业在交通、航空、电子通讯、食品等行业也广泛地开展了对华直接投资。这些投资普遍倾向于合资合作形式，如：空中客车公司与中国航空器材集团公司成立合资公司华欧航空培训中心；道达尔集团与中国中化集团公司合资成立中化道达尔油品有限公司；法国达能与蒙牛乳业成立合资控股公司等。而零售行业巨头家乐福则以合资和独资两种形式在中国投资。所以，法国企业在中国的直接投资存在多种进入方式并存的情况。

第四节　启　示

从1985~2011年，法国企业在华FDI经历了初期阶段、快速发展阶段和波浪式增长阶段。与英国、德国等欧盟主要成员国相比，法国对华直接投资发展相对稳定。法国作为世界上主要的发达国家之一，利用其在技术方面所特有的垄断优势，看好中国广大的市场空间，带动相关和支撑产业以合资合作或独资的形式进入中国市场，部分企业取得了巨大的成功。当前，正值我国企业对外直接投资的发展期，研究法国企业在华FDI的现状和特征对我国企业国际化有一定的启示和借鉴作用。

一、善于识别特定区位优势

区位选择是跨国公司 FDI 所要做出的首要决策。目前，我国企业不仅对发达国家进行了直接投资，也对亚非拉等发展中国家进行了大量投资。我国商务部 2008 年的统计数据显示，截至 2007 年，我国外向型 FDI 中 67% 投资于亚洲地区，其中，93% 投资于 8 个主要的亚洲经济体，即：中国香港地区、韩国、日本、印度尼西亚、马来西亚、菲律宾、新加坡和泰国等。而且，我国作为发展中大国，与发达国家相比，我国企业较少拥有赖以对外直接投资的垄断优势。因此，我国企业国际化往往表现为自然资源寻求型 FDI 和战略资产寻求型 FDI。自然资源寻求型 FDI 主旨在于通过在东道国投资获取我国企业缺乏的自然资源、原材料等，我国企业对非洲一些国家的投资就属于这一类；而战略资产寻求型 FDI 则是为了通过对外直接投资弥补我国在专有技术、管理技能、产品品牌等战略性资产方面的不足，我国企业近来在发达国家的一系列跨国并购活动就属于这一类 FDI。因此，在国际化之初，我国企业应了解即将投资的东道国及其城市的资源、生产要素、优惠政策、文化风俗等方面的区位特征，并结合企业自身的优势，选择最佳区位进行投资。

二、注重相关和支撑产业的发展

一个行业的发展并不是孤立的，必然与其相关和支撑行业的发展密切相关。一个跨国公司对外直接投资的成功，也离不开相关和支撑行业企业的鼎力支持。从法国企业在华 FDI 来看，部分法国企业在对华直接投资的同时，也带动了其相关和支撑行业的企业对华投资。法国企业与其供应商、分销商同步对华直接投资，相当于将整个供应链转移到东道国，弥补了法国企业在短期内难以找到合适供应商和分销商的困境，有利于弥补法国企业对当地市场环境不熟悉、政策法规不了解等竞争劣势。因此，我国企业在国际化的过程中要重视相关和支撑产业的发展，与相关和支撑产业的企业形成战略联盟，带动这些产业的国际化。从而，形成我国在一些行业上的国际竞争优势。而这些国际竞争优势往往是在长期的发展和合作中建立起来的，具有难以模仿和替代的特点。

三、多种进入方式同时并举

法国企业在华FDI存在出口、合资合作、收购和独资新建等多种进入方式，有的企业甚至同时采用两种或多种不同的进入方式进入中国市场。每一种进入方式都有其优缺点。事实证明，同时采用两种或多种进入方式有利于降低企业在外国市场投资的风险。即使是实力较强的大型跨国公司在采用并购或独资新建方式FDI的同时，也可以与当地企业合资合作，通过与当地合作伙伴的沟通、经营，较快地融入当地市场、政治、经济和文化等环境中。

第七章 跨国水务公司在华 FDI 的发展战略与竞争优势

《财富》杂志曾经指出:"水在 21 世纪中的地位将相当于 20 世纪中的石油,它将决定一个国家的穷富。"水,不是一般的资源,是"蓝金",是 21 世纪的石油。与石油不同的是,作为生命之源的水,没有替代品。水务产业作为关乎国计民生的自然垄断行业,与石油、天然气等能源行业一样对国家战略尤为重要。

长期以来,我国很多城市的供水企业不断亏损,致使我国一些地方政府难以承受连年补贴的财务重担。于是,在 2002 年我国颁布了《加快市政公用行业市场化进程的意见》,提出加快推进市政公用行业市场化进程,鼓励社会资金、外国资本采取独资、合资、合作等多种形式,参与市政公用设施的建设。在这一政策的推动下,以威立雅和苏伊士环境(在华子公司为中法水务)为代表的外资水务企业对我国水务市场开始了新一轮的争夺。伴随着地方政府招商引资的需求,一些外资企业通过采取高溢价策略收购了当地水务企业的部分股权。当前,外资水务已经渗透到了我国水务行业的整个产业链,在制水、供水、污水处理和客户服务等多个环节进行直接投资。这些水务跨国公司通过参股、购买产权等形式将很多地方的城市供水企业产权收入囊中。经过几年的扩张布局,外资水务已经占据了一线城市三分之一以上的市场份额,并正逐渐向中西部的二三线城市蔓延。

在我国水务产业投资主体多元化的今天,分析外资水务,特别是法国水务企业在华 FDI 的战略布局及竞争优势具有重要的现实意义。为解决城市供水效益低下的问题，我国启动了市场化改革，引进了外资。世界两大水务巨头威立雅和中法水务在中国占有很大的市场份额，两家企业的供水规模已经超过 6300 万人口。因此，本章将以法国水务公司威立雅和中法水务为研究对象进行案例研究。

第一节　FDI 与竞争优势理论回顾

与竞争优势有关的早期国际直接投资理论分别是海默的垄断优势理论和邓宁的国际生产折中理论。海默在垄断优势理论中就提出了垄断优势是跨国公司克服海外投资的附加成本，抵消东道国当地企业优势，确保海外投资活动有利可图的关键因素。而且，海默基于对美国大量工业型跨国公司的研究，得出跨国公司的垄断优势具体表现在五个方面：一是技术优势，包括生产秘密、管理组织技能和市场技能；二是工业组织优势，主要包括规模经济、寡占市场结构和行为；三是易于利用过剩的管理资源的优势；四是易于得到廉价资本和投资多元化的优势；五是易于得到特殊原材料的优势。以上五种优势不仅是跨国公司的垄断优势，也是跨国公司参与全球竞争的竞争优势。

在国际生产折中理论中，邓宁认为跨国公司拥有三个方面的特定优势，即：所有权优势、内部化优势和区位优势（Dunning，1977）。所有权优势是指跨国公司拥有的各种资产及其所有权形成的特定优势，它包括通过对外直接投资、对外贸易或发放许可证等均能给企业带来收益的所有权优势，如：技术、生产规模、商标、管理技能等。及只有通过对外直接投资才能产生的所有权优势，如：交易和运输成本降低、产品和市场多样化、生产过程一体化及对销售市场和原材料的垄断。内部化优势则是指跨国公司将其拥有的资产及所有权加以内部使用而带来的特定优势。区位优势一般指跨国公司因东道国的一些有利因素形成的竞争优势，如：廉价劳动力、广阔的销售市场、政府的优惠政策及获得原材料的便利等。邓宁认为，这三类特定优势是跨国公司对外直接投资获得成功的根本条件。

迈克尔·波特认为以往的国际直接投资理论没有对现有跨国公司的管理、国际竞争对跨国公司战略的影响等重要问题进行研究。他提出的战略管理理论的研究核心是国际竞争环境与跨国公司的竞争战略和组织结构之间的动态调整及相互适应过程。他认为，跨国公司的各种职能可以用价值链的构成来描述，价值链是跨国公司组织和管理其国际一体化生产过程中价值增值行为的方法。在价值增值活动中，有些是垂直联系的，比如：生产地点的选择、生产的装配、产品的运输、广告和销售、售后服务等。有些是水平联系的，如：人力资源管理、研究与开发、采购、财务、会计以及其他管理活动。企业在国际竞争中确定并开拓构成价值链的各种活动和联系的能力是企业竞争优势的重要来源。跨国公司战略是对不同活动的国际区位和对企业所控制的各类实体的一体化程度做出的选择。

第二节　跨国水务公司在华 FDI 的发展战略

在华 FDI 的十几家外资水务企业中，威立雅和中法水务是排名前两位的外资巨头，他们不仅是法国水务企业在华 FDI 的代表，而且其合作项目之广，涉及城市之多，甚至能够代表在我国水务行业直接投资的其他外资企业。以下对威立雅和中法水务的核心业务（饮用水处理、全方位供水服务、污水和工业用水处理等）分别进行分析。

一、威立雅（Veolia）

1853 年，奉拿破仑三世御旨成立的威立雅，其名字来源于古希腊神话中的风神 Aeolus，当时的业务主要是为农田灌溉和法国城镇供水。现今的威立雅已经发展成为全球三大水务集团之一、世界 500 强公司之一，在全球拥有 11 个研发中心，为世界 40 多个国家提供服务。

20 世纪 80 年代初，威立雅就通过其工程子公司 OTV-Kruger 进入中国市场，为市政和工业客户提供水务服务，并帮助客户满足其不断增长的水务基础设施需求。1997 年，威立雅在天津赢得了在华的第一份水务合同：天津凌庄水厂改扩建与 20 年特许经营合同。自 1997 年以来，威立雅已经在天津、上海、北京、成都、深圳、昆明、珠海、乌鲁木齐、青岛、邯郸、宝鸡、遵义、呼和浩特、常州、兰州、海口、柳州等全国各大地区建立了大型水务项目。到目前为止，在我国 34 个省、自治区、直辖市和特别行政区中，威立雅已在其中一半的地区拥有正在运营的项目，公司在华拥有 1 万 3 千余名接受过良好培训的员工，并为超过 4300 万中国居民提供水资源服务。其中，有 2700 万居民通过全面的管理合同享受包括：制水、配送及客户关系等在内的多样化服务。

当前，威立雅已经在饮用水、污水、工业用水处理和提供完整的供水服务等领域在我国一些中心城市完成了布局，几乎渗透了水务行业的整个价值链。根据威立雅公司及其相关网站和中国期刊网知网的文献资料，笔者对威立雅自 1997 年以来对我国水务行业的直接投资进行了梳理和分析，其在我国饮用水、完整供水服务、污水和工业用水处理等领域的 FDI 分别如表 7-1、表 7-2、表 7-3、表 7-4 所示。从以上各表的情况来看，威立雅在我国的 FDI 最早开始于饮用水处理，2002 年之后才开始进入我国完整供水服务、污水和工业用水处理等领域；但主要集中在完整供水服务领域。就运营期限而言，在饮用水领域的合同从 18~35 年不等，而在完整供水服务领域的合同甚至高达 50 年，分别是第一个以公共民营合作方式（PPP）运作的上海浦东供水运营和管理合同、与深圳水务集团签署的市政外包服务合同。

（一）饮用水处理

从 1997 年到 2007 年，威立雅共在天津、成都、宝鸡、贵州、渭南等地组建了 6 家饮用水处理公司（如表 7-1 所示）。其中，包括 1998 年与日本丸红合作在成都签订的第一个国际 BOT 项目，也是第一个由中央政府批准、以国际 BOT 合同形式的自来水处理厂。该水厂及其配套设备的建造和运营，加之全长达 27 公里的配套管网的安装，可满足成都 266 万居民的饮水需求。

表 7-1　　　　　　　威立雅在华饮用水领域的 FDI

	时间	地区	合作	经营领域	合作模式	期限/年
1	1997	天津	与天津市供水部门签订经营凌庄水处理厂，并建立合资企业天津通用水务公司	供水	控股55%股份	20
2	1998	成都	与日本合作伙伴丸红（株式会社）合作	水厂及其配套设备的建造和运营，加之全长达 27 公里的配套管网的安装，可满足成都 266 万居民的饮水需求	中国第一个由中央政府批准、以国际 BOT 合同为形式的自来水处理厂	18
3	2002	宝鸡	与宝鸡市自来水公司及北京首创集团共同投资	组建宝鸡创威资产有限公司、宝鸡创威运行有限公司，经营自来水厂	合资	23

续表

	时间	地区	合 作	经营领域	合作模式	期限/年
4	2004	贵州	遵义南郊、北郊两个城市供水厂的维护和运营合同	饮用水	独资	35
5	2004	渭南	与通用水务、北京首创股份有限公司共同投资2.48亿元	改造旧供水管网和老水厂，并负责修建新水厂	合资	23
6	2007	天津	收购天津市自来水集团所属市北水业有限公司的49%国有股权	主营集中式供水，包括新开河水厂、在建的津滨水厂两座净水厂；两个供水服务所	持股49%	30

数据来源：根据网站、期刊等相关资料整理。

（二）全方位供水服务

威立雅的全方位供水服务包括饮用水生产、管网配送和客户服务。在我国政府取消了对外商投资城市供水管网及客户服务方面的限制之后，威立雅从2002年开始了在中国的完整供水服务。从2002年到2007年，威立雅共在上海、深圳、呼和浩特、昆明、常州、大连、柳州、兰州、海口等地进行了完整供水服务方面的直接投资，分别以公共民营合作方式（PPP）、与当地企业合资合作等方式运营9家公司（如表7-2所示）。其中，包括国内市场公共民营合作方式（PPP）的首例——2002年建立的上海浦东威立雅水务公司，拥有长达50年的合同。同时，也包括2003年威立雅与深圳水务集团签署的为期同样长达50年的市政外包服务合同，该合同包括制水、配送、客户关系以及污水处理等，服务于超过深圳市区 95% 的人口，高达 990 万人。

表 7-2　　　　　威立雅在华的全方位供水服务

	时间	地区	合作	经营领域	合作模式	期限/年
1	2002	上海	建立上海浦东威立雅水务公司	提供完整供水服务的合同，包括饮用水生产，管网配送和客户服务	公共民营合作方式（PPP）	50
2	2003	深圳	同深圳水务集团签署市政外包服务合同	制水和配送，客户关系以及污水处理	45%股权	50
3	2004	呼和浩特	同嘉里、呼和浩特春华水发展股份有限公司签署合同	10个现有污水处理厂的升级、运营和维护，为市政提供饮用水，员工培训	收购水厂51%的资产	30
4	2005	昆明	同市政合作伙伴签署合同，管理云南昆明的供水项目	制水和配送（九座污水处理厂和一条全长1500公里的管网），客户服务	公私运营，49%产权	30
5	2005	常州	联合香港中信富泰有限公司收购常州水务集团49%的股份。常州市政府持有其余51%	制造和配送饮用水（五个污水处理厂，一条全长1750公里的管网），客户服务	公共民营合作项目，49%股份	30

续表

	时间	地区	合作	经营领域	合作模式	期限/年
6	2006	大连	与位于大连开发区的鞍钢新轧-蒂森克虏伯镀锌钢板有限公司签订了外包服务合同	提供全面的供水相关设备的运营和维护		15
7	2006	柳州	与柳州市自来水有限责任公司合资	从事饮用水制造、输配和销售服务的专业水务服务,拥有柳东、柳南、柳西、城中四个供水厂和旧机场、沙塘、新兴三个加压站以及相应的市政自来水输配管网	国有持股51%,外资持股49%	30
8	2007	兰州	同甘肃兰州供水公司签订合同	四个污水处理厂,一条全长640公里的配送管网,11个高海拔地区污水厂和相关客户服务	45%的股份	30
9	2007	海口	收购海口水务公司全面的供水和污水处理合同	三个饮用水厂,一个自然水质层制水区,一条连接这三个水厂的配送管网,一座污水处理厂,客户服务中心	50%的股份	30

数据来源:根据网站、期刊等相关资料整理。

(三) 污水处理

从 2002 年开始,威立雅先后在珠海、北京、青岛、邯郸和乌鲁木齐等地成立了 5 家污水处理公司(如表 7-3 所示)。进入方式包括独资、外包、特许经营、BOT 污水处理合同等多种形式。其中,包括北京市授予外国公司的首个长期外包合同,即:2003 年威立雅与当地合作方共同设立的北京卢南污水运营有限公司,由该公司向北京西南城区提供污水处理服务。在该公司一系列建造的污水处理厂中还包括作为 2008 年奥运会项目的第一座污水处理厂——卢沟桥污水处理厂。

表 7-3　　　　威立雅在华的污水处理服务

	时间	地区	合作	经营领域	合作模式	期限/年
1	2002	珠海	第一个污水处理合同,两座污水处理厂(一座现有处理厂,一座正在建造中)	威立雅水务技术分公司设计了新的处理厂并提供设备	独资	30
2	2003	北京	卢沟桥污水运营和维护合同,首个长期外包合同	建造污水处理厂	外包	20
3	2003	青岛	与青岛市排水公司和光大集团合作	两座污水处理厂	特许经营	25
4	2005	邯郸	与邯郸市签订	邯郸市东污水处理厂扩建工程	BOT 污水合同	25

续表

	时间	地区	合　作	经营领域	合作模式	期限/年
5	2005	乌鲁木齐	与乌鲁木齐市政府签约	控股河东污水处理厂	51%的股份	23

数据来源：根据网站、期刊等相关资料整理。

（四）工业用水处理

威立雅在华的工业用水处理服务主要包括：（1）为世界最大轮胎制造商米其林公司提供全系列的水处理服务，威立雅负责设计、建造、运营和维护所有水务设施，包括原水、工艺水、污水处理和固废处理；（2）对北京西南50公里的燕化工业区的工业废水和生活污水进行收集、处理与回用；（3）为天津经济技术开发区提供污水处理运营和维护服务等。

表7-4　　　　　　　威立雅在华的工业用水处理

	时间	地区	合　作	经营领域	合作模式	期限/年
1	2003	上海	签订运营合同，管理米其林上海水厂的整个水务系统	原水，工艺水和污水处理	独资	—
2	2006	京郊燕山	与中石化下属北京燕山石化签订重要合作协议，共同建立合资公司	运营京郊燕山的工业污水收集、处理和回用。四个污水处理厂、两个再循环水设施	合资	—

续表

	时间	地区	合作	经营领域	合作模式	期限/年
3	2007	天津	与天津泰达控股组建合资公司	天津经济技术开发区污水处理厂的特许经营合同	50%的股份	20

数据来源：根据网站、期刊等相关资料整理。

二、中法水务（Sino-French Water）

1992年，中法水务由法国苏伊士环境和香港新创建集团有限公司合资组建。自成立以来，中法水务积极参与中国城镇水务事业的发展建设，业务遍布我国18个省市，拥有5000多名当地员工，为我国2000多万人提供水资源服务。中法水务在华FDI的核心业务包括饮用水处理、全方位供水服务、市政污水处理和工业水处理等，分别如表7-5、表7-6、表7-7、表7-8所示。其中，包括为亚洲最大的工业园区之一——上海化学工业园区提供工业水及污水处理服务、为中国和新加坡两国政府间最大的合作项目——中新苏州工业园提供污泥干化处理服务。中法水务在我国拥有20余家合资企业，供水人口达到1400万。

（一）饮用水处理

从1992年开始，中法水务就进入了中国水务市场。当时政策不允许在管网和客户服务领域进行对外合作，中法水务在20世纪90年代主要是与合作方共同经营水厂及销售饮用水给当地自来水公司。目前，中法水务在南昌、中山、昌图、保定、郑州、新昌、盘锦、青岛、天津和泰州等地运营11家提供饮用水处理服务的合作企业（如表7-5所示）。

表 7-5　　　　　　　　中法水务在华 FDI 的饮用水服务

	年份	签署的项目	合　作	经营领域	股份	期限/年
1	1996	南昌双港供水有限公司	与南昌供水有限责任公司合作	为南昌市经济技术开发区提供优质的生活、生产用水	50%	28
2、3	1998	中山中法供水有限公司/中山大丰自来水有限公司	与中山市供水有限公司合资成立两家合作公司	饮用水处理	50%	22
4	2000	昌图中法供水有限公司	与辽宁省昌图县自来水公司合作建设	自来水生产与供应	70%	30
5	2000	保定中法供水有限公司	与保定市供水总公司建立合作公司	生产和销售饮用水，并从事与水处理及供水相关的事业	55%	20
6	2001	郑州中法原水有限公司	与郑州市自来水总公司合资组建	饮用水处理	50%	30
7	2002	新昌中法供水有限公司	与新昌县水务集团有限公司合作成立	饮用水处理	50%	30

续表

	年份	签署的项目	合 作	经营领域	股份	期限/年
8	2002	盘锦中法供水有限公司	与盘锦市自来水公司共同投资	4座现代化水厂，其中两座源水厂、两座配水厂，主要业务是生产和销售饮用水给盘锦市自来水总公司	60%	30
9	2002	青岛中法海润供水有限公司	与青岛市海润自来水集团有限公司合作	饮用水处理，2个水厂，主要对黄河、大沽河和崂山水库三大水源进行处理，占青岛市区供水总量大约90%左右	50%	25
10	2009	天津中法芥园水务有限公司	与天津市自来水集团有限公司合作	饮用水处理	52%	14
11	2014	泰州金州水务有限公司、泰州金港水务有限公司和南京金州城北污水处理有限公司	与金州水务共同运营和管理江苏水务的三个项目	服务泰州海陵区11个乡镇的居民；向泰兴及姜堰居民提供原水和水处理服务；为南京市原鼓楼区、原下关区、栖霞区的居民提供生活污水处理服务	—	30

数据来源：根据公司网站、期刊等相关资料整理。

（二）全方位供水服务

早在 1992 年，中法水务就在广东中山与坦洲镇经济发展总公司合资成立了中国首家中外合资供水企业。不仅为坦洲镇的工商企业和居民提供全方位供水服务，包括饮用水的生产、销售，供水管网的建设、维护以及相关的客户服务，还为坦洲镇的居民提供了达到欧盟标准的饮用水服务。2002 年 4 月，我国政府取消了对外商投资城市供水管网及客户服务方面的限制。从 2002 年开始，中法水务又陆续在重庆、三亚、天津塘沽和常熟等地建立了 4 家全方位供水服务合作企业（如表 7-6 所示）。

表 7-6　　　中法水务在华 FDI 的全方位供水服务

	年份	签署的项目	合　作	经营领域	股份	期限/年
1	1992	中山坦洲自来水有限公司	与中山市坦洲镇经济发展总公司合资	水处理厂、供水管网、用户服务	58%	35
2	2002	重庆中法供水有限公司	与重庆水务集团股份有限公司合作	全方位供水服务/饮用水厂、管网以及配输的全方位供水服务	50%	50
3	2004	三亚中法供水有限公司	与海南天涯水业（集团）公司合作	为三亚市提供饮用水的生产、输配和客户服务的全方位服务。公司现拥有青田水厂、金鸡岭水厂和荔枝沟水厂，供水面积 27 平方公里，管网总长 549 公里	50%	30

续表

	年份	签署的项目	合 作	经营领域	股份	期限/年
4	2005	天津塘沽中法供水有限公司	与天津市自来水集团有限公司合作	为塘沽提供饮用水的生产、销售，供水管网的建设、维护以及相关的客户服务	50%	30
5	2006	常熟中法水务有限公司	与常熟市城建公有资产经营有限公司合作	饮用水处理、管网建设	49%	30

数据来源：根据公司网站、期刊等相关资料整理。

（三）污水处理

从 2007 年到 2013 年，中法水务分别在重庆、大连、四川双流和崇州等地签署了多项污水处理项目（如表 7-7 所示）。2007 年，中法水务在重庆成立其在中国的首家污水处理公司——重庆中法唐家沱污水处理有限公司，为重庆江北区、渝北区和北部新区的市民提供污水处理服务；2010 年，中法水务与日本伊藤忠商事株式会社合作，为大连长兴岛工业区提供污水处理服务。

表 7-7　　**中法水务在华 FDI 的污水处理服务**

	年份	签署的项目	合 作	经营领域	股份	期限/年
1	2007	重庆中法唐家沱污水处理有限公司	与重庆水务集团股份有限公司合作	重庆江北区、渝北区和北部新区的市民提供污水处理服务	50%	30

续表

	年份	签署的项目	合作	经营领域	股份	期限/年
2	2010	大连长兴岛临港工业区中法水务环境服务有限公司	与日本伊藤忠商事株式会社合作	污水处理	95%	
3	2012	双流大一环保科技有限责任公司	收购四川大一水务有限责任公司在双流的全资子公司	双流县境内8个乡镇污水处理厂提供运营和管理服务，以BOT方式投资、建设及运营毛家湾污水处理厂	65%	25
4	2013	崇州市大一水质净化有限公司	收购四川大一水务在崇州的全资子公司	为崇州市六十多万城镇居民以及工商用户提供市政污水处理服务	65%	25

数据来源：根据公司网站、期刊等相关资料整理。

（四）工业水处理

从2002年开始，中法水务陆续为星火开发区、上海化学工业区、常熟新材料产业园和重庆工业园区等园区提供一体化的工业水和污水处理方案（如表7-8所示）。其中，2009年9月中法水务在上海成了首家环境技术咨询公司——中法水务环境技术咨询（上海）有限公司。该公司主要的业务范围包括：水、污水、污泥及有机废料处理设施的运行和维护的技术、管理以及投资咨询。该咨询公司的第一个服务项目就是为常熟新材料产业园污水处理厂提供为期 3 年的运行维护服务。中法水务将负责污水厂的运营管理及技术支持，而化工园区则仍拥有污水厂资产的所有权。常熟新材料产业园临近长江，占地约 10 平方公里，共有包括杜邦、大金、阿科玛、苏威等氟化工巨头以及当地的化工企业在内的约 20 家企业。2011 年，与武汉化工新城工程有限公司、得利满及上海化学工业区投资实业有限公司合作成立武汉中法水务有限公司，为武汉化工园区提供污水处理、污水回用服务等。

除此之外，2014 年 12 月，中法水务与四川供排水投资股份有限公司分别出资 55% 和 45% 成立 O&M 公司，共同运营和管理四川供排水公司旗下的水务项目，包括城市供水、市政和工业污水处理以及污泥处理。期望引进中法水务及其股东苏伊士环境和新创建集团先进的国际技术、管理和运营经验，为当地环保产业的发展注入强大动力。

表 7-8　　　　　　中法水务在华 FDI 的工业用水处理

	年份	签署的项目	合　作	经营领域	股份	期限/年
1	2002	上海星火中法供水有限公司	与上海浦东星火开发区联合发展有限公司	星火开发区和周边地区的用户提供生活饮用水的生产、输配和客户服务	50%	30
2	2002	上海化学工业区中法水务发展有限公司	与上海化学工业区发展有限公司，上海化学工业区投资实业有限公司共同投资组建	一个工业水厂、一套生活水装置和一个脱盐水厂，为上海化工区提供供水服务。一个污水处理厂	50%	50

续表

	年份	签署的项目	合作	经营领域	股份	期限/年
3	2009	常熟新材料产业园污水处理厂	为常熟新材料产业园污水处理厂提供为期3年的运行维护服务	中法水务将负责污水厂的运营管理及技术支持,而化工园区则仍拥有污水厂资产的所有权	—	3
4	2010	重庆（长寿）化工园区中法水务有限公司	与重庆水务集团股份有限公司、重庆长寿化工园区开发建设有限责任公司合作	污水厂的运营管理及技术支持	45%	50
5	2011	武汉中法水务有限公司	与武汉化工园区签订合同,与武汉化工新城工程有限公司、得利满及上海化学工业区投资实业有限公司合作	污水处理、污水回用	43%	30

数据来源:根据公司网站、期刊等相关资料整理。

三、两者在华 FDI 战略的比较研究

（一）投资区位和进入方式

从以上分析来看，威立雅主要立足于一二线大城市，投资方式包括合资、合作和独资等多种形式，经营领域涉足饮用水、全方位用水、污水处理、管网建设等。而中法水务则大部分进入县级市、乡镇、城市郊区等小城镇，以合资的方式与国内水务企业建立长期的合作，经营领域与威立雅类似。

（二）所有权关系

而且，与威立雅不同，在大多数合资企业中中法水务都占有 50%以上的股权；对于极少数股权低于 50%的合资企业，中法水务也在多个合作伙伴中占有绝对多数的股权，如：在武汉中法水务有限公司的股权中，中法水务投资有限公司、武汉化工新城工程有限公司、得利满及上海化学工业区投资实业有限公司分别出资 43%、25%、22%和 10%。尽管中法水务的股份低于 50%，但也拥有对合资企业的绝对控制权。

（三）核心业务结构

从威立雅和中法水务在华 FDI 的核心业务来看，二者都集中于全方位供水、饮用水处理、污水处理和工业用水处理等四个方面，但投资结构有所不同。威立雅主要投资于全方位供水服务，占到在华 FDI 项目的 39%，其次是饮用水处理、污水处理和工业用水处理，分别占到威立雅在华项目的 26%、22%和 13%（如图 7-1 所示）。而中法水务在华开展的项目主要集中于饮用水处理，占到项目总数的 44%；全方位供水与

工业水处理的项目数相当，均占到项目总数的 20%；污水处理占到 16%（如图 7-2 所示）。

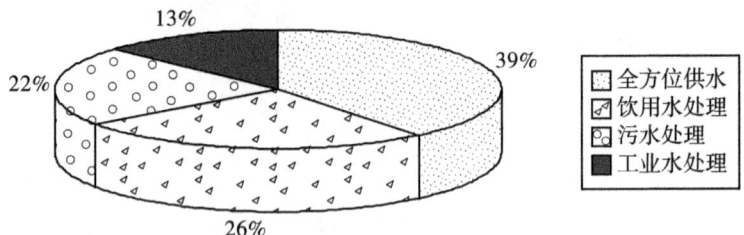

图 7-1 威立雅在华 FDI 的核心业务结构

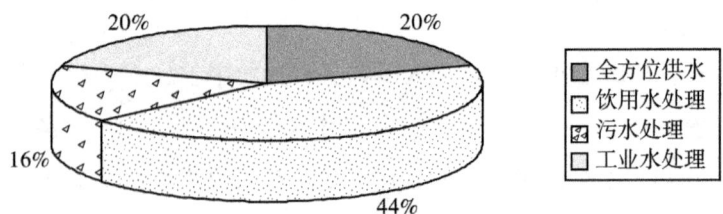

图 7-2 中法水务在华 FDI 的核心业务结构

（四）投资时期

威立雅在华 FDI 的投资时期是从 1997 年到 2007 年，其中，除了 2 项饮用水项目外，其他项目都是在 2002 年之后陆续签订。而且，2007 年之后，威立雅几乎没有在华开展新的直接投资。相比之下，中法水务在华的第一项直接投资开始于 1992 年，直到 2014 年中法水务仍以 O&M 等形式开始与当地企业共同管理新的水务项目。而且，早在 1992 年，中法水务就开始了在华的全方位供水服务，它已进入中国市场长达 23 年之久。

第三节 跨国水务公司在华 FDI 的竞争优势

一、百年历史形成的规模优势

威立雅成立于 1853 年,开始于法国水务产业的私有化初期。从 19 世纪中叶开始,就给法国中心城市里昂、南特、尼斯、巴黎等提供供水服务。威立雅可以称得上国际水务市场发展的先锋,早在 1879 年就获得了国际水务合同。1880 年为意大利威尼斯、那不勒斯等多个城市提供供水服务。2005 年先后收购了意大利和德国的一些企业,2008 年对日本的企业实施了战略收购。截至 2011 年,威立雅已经在欧洲、美洲、非洲、亚洲、大洋洲等 41 个国家为 1.03 亿人口提供饮用水服务和 0.73 亿人口提供污水处理服务。同时,中法水务的法方投资者苏伊士环境也是一家成立于 1880 年的法国第二大水务公司,海外业务占到集团总收入的 28%。截至 2011 年,法国苏伊士环境已经在 29 个国家或地区为 9035 万人口提供饮用水服务和 5947 万人口提供污水处理服务,总服务人口达 1.17 亿。可见,上述两家法国水务公司的覆盖面积之广、涉及城市之多、服务规模之大,在世界水务领域都是当之无愧的翘楚,也是我国任何一个水务企业所无法比拟的。威立雅和苏伊士环境通过一百多年的发展,已经形成了今天几乎覆盖五大洲的规模,建立了难以模仿的规模优势。

二、领先于其他发达国家的技术优势

法国水务公司不仅在中国、印度等发展中国家直接投资,也长期投资于美国、德国、意大利、西班牙等欧美发达国家。领先于其他发达国家的技术优势是法国水务公司进入其他欧美发达国家水务市场的通行

证。法国水务公司进入中国市场后，大多通过引进母公司的技术对原有水厂进行了技术改造和工艺改进，开展了扩建工程，提高了水质，降低了成本。如：重庆中法唐家沱污水处理有限公司就采用先进的污水处理技术，通过采用具有生物脱氮功能的 A-A2O 工艺、辅以化学除磷和污泥消化、污泥离心脱水等先进的工艺，使出厂水水质达到了国家一级 B 排放标准。具有先进技术的优势也是威立雅和苏伊士能在美国、欧洲等发达国家获得水务合同，进行水务领域 FDI 的垄断优势。

三、政策与环境推动的区位优势

法国两大水务巨头在华的直接投资，源于我国从 21 世纪初开始的一系列政策措施和经济发展后所带来的环保需求。2002 年 3 月出台的《外商投资产业指导》，将原禁止外商投资的供排水城市管网首次对外资开放。2002 年 12 月，中国建设部出台了《关于加快市政公用事业市场化进程的意见》，然后又通过一系列文件系统规划了包括城市水务在内的城市公用事业改革开放"路线图"。这些政策措施极大地促进了威立雅和中法水务在华水务领域的直接投资。从表 7-1~表 7-8 可见，2002 年之前，威立雅和中法水务仅在华直接投资了少量的饮用水项目；2002 年之后，两家水务跨国公司不仅加大了在饮用水领域的投资，而且进入了全方位供水、污水处理和工业用水处理等领域。威立雅 91.3% 的项目集中签署于 2002~2007 年间，而中法水务 2002 年之后在我国的直接投资占到了总投资的 76%。以上数据证实了东道国政策所形成的区位优势对跨国公司的重要性。

另外，我国正处于工业化和城镇化加速发展的时期，二者在促进经济增长的同时，也给环境带来了巨大的挑战。据统计，随着我国社会工业化的发展，已经有 70% 的河流和湖泊受到不同程度的污染。我国正面临水资源严重短缺和污染问题。这些问题也推动了我国在城市污水和工业用水处理方面的发展。为了解决环境污染的问题，大部分地方政府不仅实施了严格的法规，加大了执法力度，而且鼓励城市和工业园区采用先进的污水及工业用水处理技术。

在这样的时代背景下，政策和环境两者的推动形成了法国水务跨国公司在华直接投资的区位优势。

四、价值链增值带来的竞争优势

城市供水行业是以自来水厂为核心，以原水水源、自来水厂及输水管道等组成的产业链集合。随着威立雅和中法水务在华直接投资的深入，两家企业都已经进入了水务行业价值创造的各个环节。与价值增值相关的垂直联系包括：对原厂进行扩建，对原有技术进行改进升级，进入城市管网建设，加强客户服务，采用先进技术对污水和工业用水进行回收利用等等。例如：中法水务的业务涉及水循环的所有环节，包括提取或脱盐的工业水回用的各个阶段，通过处理和再利用废水及淤泥来制造工艺水等。在水平联系方面，中法水务在管理方面特别注重降低成本、节约能耗、职工安全和水质管理等。正如波特在战略管理理论中所提到的，企业在国际竞争中确定并开拓构成价值链的各种活动和联系的能力是法国水务公司竞争优势的重要来源。

第四节 结论与启示

水务行业是关系国计民生的重要行业。外资水务公司，尤其是法国水务巨头，在我国水务行业的直接投资有待深入地分析和探讨。具有一百多年历史的两家法国水务公司（威立雅和苏伊士环境）在我国直接投资已经长达 20 余年之久，其中，威立雅的经营范围覆盖了我国 34 个省、自治区、直辖市和特别行政区的一半。它们在中国市场占有很大的份额，两家企业的供水规模已经超过了 6300 万人口。

本章采用多案例研究的方法，比较分析了威立雅和中法水务在华 FDI 的核心业务和战略布局。研究发现：（1）与威立雅立足于一二线大城市的直接投资不同，中法水务大多选择中小城市，甚至县级市、乡镇和城市郊区等作为投资区位；（2）两者均采用合资、独资、外包、BOT 等多种形式进入中国市场，但中法水务大多在合资合作企业中占有绝大多数股权，具有实际的绝对控股权；（3）在四大核心水业务中，威立雅侧重于全方位供水服务，而中法水务偏重饮用水处理服务；（4）威立雅在华的 FDI 项目主要签署于 2002~2007 年间，2007 年之后鲜有新投资；而中法水务从 1992 年一直到 2014 年，都在不断开展新投资。然后，结合垄断优势理论、OLI 折中范式理论和战略管理理论，总结了法国水务巨头在华 FDI 的竞争优势。研究发现，法国水务公司之所以能在我国直接投资，主要源于以下竞争优势：百年历史形成的规模优势；领先于其他发达国家的技术优势；东道国政策与环境推动的区位优势；价值链增值带来的竞争优势。可见，以往针对发达国家工业型跨国公司的理论也同样适用于市政公用行业如水务产业的直接投资。

外资水务企业特别是法国水务企业在华直接投资以来，给我国水务行业带来了较大的变化。不仅通过引进先进的技术和管理经验提高了水务行业的经营效率，也在水务行业引入了竞争机制。尽管威立雅自 2007 年 7 月以来，出现了一系列排放超标等水质污染问题，但这些出事企业多为威立雅与我国水务企业的合资合作公司，而且威立雅同时在 40 多个国家和地区投资。因此，根本的问题是要寻找问题发生背后的监管机制，寻求降低事故发生的管理方法。而另一家法国水务巨头——中法水务在中国市场上的口碑和形象都不错。例如：中法水务 2000 年开始在辽宁省昌图县的直接投资，使当地结束了"无自来水"的纪录，从根本上改善了居民的生活，增加了社会福利。因此，尽管法国水务企业进入我国市场带来了一些负面效应，但更应该看到我国水务企业在与这些企业合作中所获得的进步，更应该从规制方面着手，制定有效的趋利避害的监管机制。

第八章 跨国水务公司对我国产业安全的影响及对策

作为公用事业市场化的"最后一个堡垒",水务产业以其自然垄断属性吸引了大量外资的进入。这些外资水务企业通过参股、购买产权等形式将我国很多城市供水企业的产权收入囊中。经过几年的扩张布局,外资水务已经占据了一线城市三分之一以上的市场份额,并正逐渐向中西部的二三线城市蔓延。世界两大水务巨头——威立雅和中法水务——在中国已经占据了大量的市场份额,两家企业的供水规模已超过了6300万人口。这些外资水务企业自20世纪90年代进入我国水务市场以来,伴随着我国政府政策的逐渐开放已经渗透到了饮用水处理、全方位用水服务、污水和工业用水处理等水务产业的各个环节。这些水务合同短则15年,长则半个世纪,将对我国水务产业、水务企业和社会福利产生深远的影响。

水务产业的区域垄断性、地域局限性、社会公共性及产品或服务的刚性需求等特征,使得其成为了如今各路资本激烈角逐的朝阳产业。在政府推进实施"特许经营"模式,加快了水务产业市场化进程的背景下,分析外资水务巨头在华直接投资的发展阶段、产生的问题及寻求解决的途径,就显得格外重要。

第一节 国内外水务产业研究的文献回顾

城市供水和污水处理业合称水务产业。近年来国外学者对水务产业进行了为数不多的研究。Reynaud and Thomas（2013）运用一些发达国家和转型国家的企业面板数据分析了经济调控和经济环境对水务产业中企业盈利能力的影响。他们的实证结果表明，水务行业的企业盈利能力跟其他网络行业一致，随着企业规模、经济环境和调控特征的变化而变化。Stern（2012）认为在水务产业引入有效的上游竞争对生产者和消费者都有利，因为这使经济调控更加关注于水务产业的垄断特征。March and Purcell（2014）调查了巴塞罗那水务产业的发展历史、区域组织结构和集聚战略，他们认为，传统水务企业的地理和集聚战略已经从所有权运作转向了管理合约和研究性基础投资。Abbott et al.（2011）分析澳大利亚墨尔本在水务产业的长期改革，他们认为，在20世纪70年代和80年代国有水务部门的执行效果比较差；经过较长时间引入股份制改革后，水务行业的经济绩效得到了提高，稳定了实际水价并使政府从中获利。Sawkins（2012）分析了苏格兰水务产业引入竞争机制的情况，他描述了水务市场开放的过程，分析了水务市场克服一系列技术、政治、法律和管理等多方面障碍的途径。Stern（2010）总结了英国和欧盟从20世纪80年代开始在电力和天然气行业改革的经验，以期对英格兰和威尔士的水务产业引入竞争和潜在自由化提供借鉴。他认为，从能源行业的经验来看，应该在水务行业的供水环节引入竞争机制。以上国外学者大部分集中于在外国水务产业引入竞争机制方面的研究，他们认为，水务产业像其他电力、天然气等网络行业一样，需要在上游供给环节引入竞争机制，这样，既有利于稳定价格，又能有助于提高效率，使政府和民众从竞争中获益。

我国水务产业的市场化改革放宽了外资水务对我国的直接投资。国内已有少数学者开始关注外资水务对我国水务产业的影响问题。朱松梅（2007）认为在中国水业市场化改革中，外资的积极参与在一定程度上解决了中国水务行业面临的资金短缺、技术落后等问题。但必须高度重视水务行业市场化、国际化改革可能带来的一系列社会问题。潘菁、贺燕萍（2011）从市场集中度、外资市场占有率、外资股权控制率等三个方面分析了外资水务对我国城市水务产业安全状况的影响，并提出了维护我国水务产业安全，增强产业竞争力的对策建议。贺宁华（2009）分析了外资水务进驻中国的潜在风险，如水价上涨风险、转移成本和资金出境风险、政府监管失控的风险等。李淑芬（2008）提出应对外资的"高溢价"策略行为提高警惕，要逐步改变现存不合理的水务管理体制，健全行业法律法规来实现水务市场的公平竞争。侯世军（2009）针对外资进入我国基础产业带来的产业促进效应、竞争效应、合作效应和服务供应效应，提出了谨慎全面考虑外资进入的利弊，削弱消极影响，提高基础产业的效率。但少有研究从跨国公司的角度分析外国水务企业在我国 FDI 的竞争优势和发展战略。从现有研究来看，很多学者忧虑外资水务对我国水务安全可能带来的负面影响，进而对水务领域引进外资持否定态度。他们往往忽视了外资水务在提高技术水平和经营效益方面的进步意义。笔者认为应该对外资水务进入中国市场进行全面的评价，发挥其优势，规避其可能带来的风险。

第二节　跨国水务公司在华 FDI 的发展阶段

从 20 世纪 90 年代进入我国水务市场以来，外资水务企业在我国市场迅速扩张。在进入初期，"固定投资回报率"模式吸引了外资水务巨头纷纷进入了我国水务市场。但 2002 年后随着相关政策陆续出台，不同外资水务企业由于经营规模、管理经营和投资方式的差异形成了方向相反的发展态势。总体而言，外资水务进入我国水务产业的发展大致分为如下三个阶段：

一、进入初期（1992~2001）

20 世纪 90 年代开始，政府开始逐步放开水务产业的供水生产和污水处理环节，但限制对供水管网的建设和运营。外资和我国民营资本开始进入我国水厂、污水处理设施的建设和运营等领域，合作方式以BOT和合作公司为主。外资水务进入我国始于1992年法国苏伊士集团下属子公司中法水务对广东中山市自来水公司的直接投资。接着，包括法国威立雅、英国泰晤士水务、德国柏林水务、英国安格利安水务在内的16家外资水务公司先后进入中国水务市场。外资水务拥有先进的技术和管理经验，在保证供水质量的同时，还有效地降低了水务企业的运营成本，使一些地方的水务企业"扭亏为盈"。一些地方政府开始对外资投建合资水厂采用"固定投资回报率"模式。该模式使外资投资水厂变成了"有赚无赔"的"黄金产业"。根据国家统计局1999年的调查报告，水务产业的利润和成本比率高达24.8%，成为外商在华直接投资的所有产业中最有利可图的投资产业。2001年前，由外资水务企业直接投资的国内水厂就已经超过50家。这一时期，"固定投资回报率"模式的吸引下，外资水务巨头纷纷进入了我国水务市场。

二、扩张与撤退并存（2002~2007）

从2002年开始，我国相继出台了多项针对水务产业的政策，以推动水务行业的市场化改革。如：2002年3月公布的《外商投资产业指导目录》允许外资参与综合水利枢纽的建设和运营；2002年12月颁布的《加快市政公用行业市场化进程的意见》提出了加快推进市政公用行业市场化进程，鼓励社会资金、外国资本采取独资、合资、合作等多种形式，参与市政公用设施的建设，形成多元化的投资结构。对供水、污水处理等经营性市政公用设施的建设，采用公开向社会招标的方式选择投资主体，允许跨地区、跨行业参与市政公用企业经营，建立特许经营权制度①。接着，2004年出台了《市政公用事业特许经营管理办法》

---

① 市政公用行业特许经营制度是指在市政公用行业中，由政府授予企业在一定时间和范围对某项市政公用产品或服务进行经营的权利，即特许经营权。政府通过合同协议或其他方式明确政府与获得特许权的企业之间的权利和义务。

《城市供水特许经营协议示范文件》等法规，以对水务产业的市场化运营提供指导，促进了我国水务产业的市场化改革。在以上政策的推动下，伴随着地方政府招商引资的需求，以中法水务和威立雅为代表的部分外资水务企业通过采取"高溢价"策略收购了当地水务企业的部分股权。同时，在我国政府取消了对外商投资城市供水管网及客户服务方面的限制之后，法国水务巨头威立雅和中法水务从2002年开始加大了在中国的完整供水服务。

另一方面，之前采用的"固定投资回报率"模式虽然吸引了大量外资水务企业对华直接投资，但不符合中外投资者利益共享、风险共担的原则，违反了中外合资、合作经营有关法律和法规的规定。2002年9月我国出台了《关于妥善处理现有保证外方投资固定回报项目有关问题的通知》，明确指出今后任何单位不得违反国家规定保证外方投资固定回报。这一政策变动使外资水务失去了利润保证，在华直接投资面临的风险增加。而且这一时期，我国水务产业整体处于低效经营的状态，由于经营粗放、缺乏有效地成本控制、水价偏低，我国水务产业中有将近一半的企业处于亏损状态。如：在2003年全国2354家水务企业中亏损企业就达到1194家，整个行业的净资产利润率仅为0.12%。在这样的背景下，一些外资水务企业开始改变在华战略布局，减少在华直接投资，甚至退出中国水务市场。如：2003年初，苏伊士里昂水务集团撤销了设在北京的中国代表处；英国泰晤士水务集团将独资经营了8年的上海大场水厂的全部股权转让给上海水务资产管理公司；2004年7月泰晤士水务集团也撤销其中国总部；英国安格利安水务也撤离了中国水务市场。这样，除了威立雅和中法水务外，大部分前期进入中国市场的外资水务企业选择了收缩业务甚至完全撤出中国市场。

三、停滞与渗透并存（2007年至今）

经过一段时间的直接投资，外资水务在我国市场遇到了一系列问题，如：运作成本较高，难以派驻大量外方管理人员来经营企业，存在中西方企业文化、管理理念的差异等。而且一些水务企业由于管理不善，出现了一些违规问题，影响了企业的公众形象。如：威立雅自 2007 年 7 月青岛威立雅水务运营有限公司直接将污水处理厂回用水排入饮用水管道事件发生以来，威立雅涉嫌排放超标等水质污染问题十余起。以上问题导致部分外资水务企业在华 FDI 几乎处于停滞阶段，如威立雅自 2007 年后就鲜有在水务领域增加在华直接投资。

而这一时期，部分外资水务已经渗透到了我国水务的整个产业链，在制水、供水、污水处理和客户服务等多个环节进行直接投资。这些水务跨国公司通过参股、购买产权等形式将很多地方的城市供水企业产权收入囊中。经过几年的扩张布局，外资水务已经占据了一线城市三分之一以上的市场份额，并正逐渐向中西部的二三线城市蔓延。以中法水务为例，其在华的主要污水处理项目签署于 2007 年到 2013 年间；其在华的主要工业水处理项目也开始于 2009 年到 2011 年间。在 2014 年初，中法水务又入股江苏水务有限公司，成功获得南京、泰州的三个水务项目；在 2014 年 12 月，中法水务与四川供排水投资股份有限公司分别出资 55%和 45%成立 O&M 公司，共同运营和管理四川供排水公司旗下的水务项目，包括城市供水、市政和工业污水处理以及污泥处理。可见，尽管部分水务企业在华的 FDI 几乎处于停滞状态，但以中法水务为代表的外资水务企业仍然在持续不断地将业务渗透到水务产业的各个环节。

图 8-1 绘出了外资水务在我国市场发展阶段的示意图。从图中可以看到，从 1992 年到 2001 年，外资在我国水务市场直接投资一直处于上升态势（如曲线 OA 所示）；但从 2002 年开始，之前进入我国市场的外资水务企业出现了分化，呈现出两种完全不一样的发展趋势，一部分外资企业在我国政府颁布了一系列鼓励外资进入中国水务产业的政策后，增加了对华直接投资（如曲线 AB_1 所示）；而另一部分外资企业由于政府规定取消"固定投资回报率"模式和本身经营不善，在华 FDI 开始

下滑，甚至撤出中国市场（如曲线 AB_2 所示）。2007 年之后，一部分外资企业由于经营和违规问题，在我国市场直接投资基本处于停滞状态（如直线 B_1C_2 所示）；而另一部分外资企业继续在中国水务市场渗透布局（如曲线 B_1C_1 所示）。

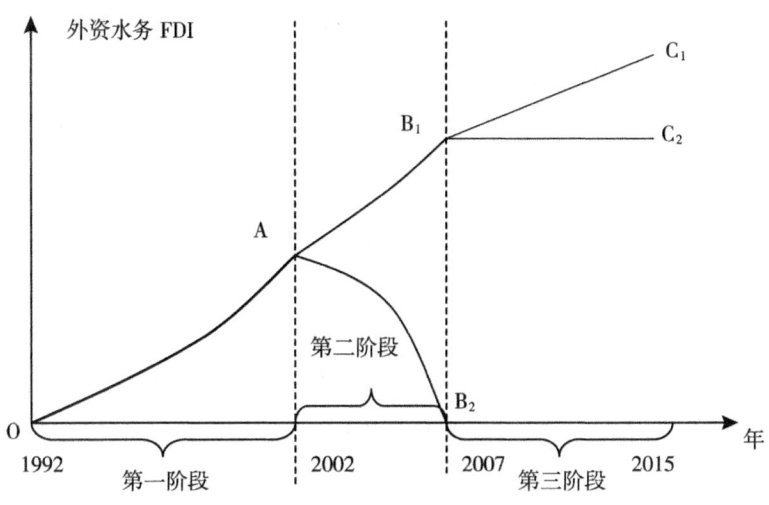

图 8-1　外资水务在华 FDI 的发展阶段

第三节　跨国水务公司在华 FDI 对我国水务产业安全的影响

20 世纪 90 年代以来，我国鼓励外资投资公用事业设施建设，我国水务产业也开始进行市场化改革。市场化改革促进了民营资本和外资在水务产业的发展，使得我国水务产业出现了投资主体多元化的特征。外资进入对我国水务产业产生了深刻的影响，并带来一系列问题，主要如下：

一、如何才能确保水务产业安全

产业安全是国家经济安全的基础,而基础设施安全是产业安全的基础,欠发达国家的交通产业更倾向于吸引来自发展中国家跨国公司的参与。这在相当程度上反映出这些国家对经济安全问题的考虑。水务作为国家基础设施的重要组成部分,控制权不应掌握在外资企业手中,这是政府和学术界的共识。但在实际过程中,如何才能确保一个城市水务产业的控制权?这是一个很难把握的问题。首先,即使外资在股权比例方面不占优势,其基于技术和管理优势的经营行为操作也会对产业安全带来实质性威胁。在合资水务中,虽然外资初期大都只占不到 50% 的份额,但大部分是外资方说了算,外资一般占有绝对的经营权。其次,外资基于雄厚的资金实力,后续可以通过增资将中资水务挤出,合资变独资,从而全面掌握某个城镇的供水权。以兰州水务为例,威立雅报出的 17.1 亿元的高价,其中有 8.71 亿元实际是作为增资的溢价。

二、提高经营效益与确保控制权,孰轻孰重

由于长期以来,各地自来水公司、水厂尽管经营效益不高甚至亏损,但在当地也都属于"金饭碗",收入稳定且不低,员工人数众多,只进不出。水务是具有自然垄断性的行业,即使效益不高也能生存。在这样的行业,若没有外力的介入,是很难迫使其提高经营效率的。但在外资进入以后,又可能会失去水务控制权。比如,中法水务公司收购沈阳水厂后,冗员被剥离,水厂员工人数从 300 人减到 100 人,一年的电费和管理费共节省 1000 多万元,经营效益明显提高。外资进入必然会遭遇原水厂的阻力,水厂和自来水公司可能会制造难题,以至于法方收购所需要的技术档案、财务档案等难以及时拿到。最终造成了沈阳自来

水公司回购，中法水务公司退出。从这个案例来看，中方企业虽然重新拥有了沈阳水务的控制权，但一起被保留的还有落后的技术和经营水平，若为了提高经营水平引入外资，又面临失去控制权的威胁，这是一个有待研究的进退两难的问题。

三、公众利益的保护问题

基础设施产业提供的服务具有公共产品的特性，外资的进入和控制可能降低公共服务产品的可获得性，提高服务价格，损害社会成员的利益。水资源最大的特性就是其供给过程中的垄断性，一个城市一般只有一家供水公司。外资水务一旦掌控了一个地区的供水资源，就有了与政府讨价还价的资本，政府很难再用行政手段制定水价，水价的上涨就不可避免，如何保护公众利益将面临考验。法国威立雅集团于1997年在天津获得该市第一个项目，该市的水价已经从0.68元上涨到4.9元，上涨了6倍。质疑外资推高水价的声音开始出现。2014年4月11日，兰州爆发了自来水苯超标事件，直接原因就是兰州威立雅水务公司4号、3号自流沟由于超期服役，沟体伸缩缝防渗材料出现裂痕和缝隙，兰州石化公司历史积存的地下含油污水渗入自流沟，对输水水体造成苯污染，致使局部自来水苯超标。威立雅集团为何不投资改造管网？面对质疑，威立雅集团的回答是：水价已经4年未涨，公司亏损经营，无力投资改造管网。如何维护公众利益？这是一个难题。

第四节　促进我国水务产业发展的对策

外资水务企业进入我国水务市场犹如一把"双刃剑"，在给我国水务产业带来资金、管理经验和先进技术的同时，也对我国水务产业安全、水务企业的控制权和公众福利构成了威胁。如何用好这把"剑",关系到我国水务产业的长期发展和民众的切身利益。

一、细分水务环节,适度引入竞争机制

我国水务产业是由城市原水、供水、排水、污水处理与回用构成的产业链,包括水源、给水、排污等环节,属于市政基础设施的重要组成部分。实际上,水务产业可以根据各个环节的特点将其细分为自然垄断环节和非自然垄断环节。供排水管网的建设、运营、维护和管理属于自然垄断环节。在一个城市同时设置多个企业经营供排水管网的建设、经营和管理显然是有悖于经济学原理的,会造成重复建设和资源浪费。因此,对于资产专用性强、沉没成本大的供排水管网环节,政府应严格进行管制。而饮用水、污水和工业用水处理及中水回用环节与供排水管网比较起来,其自然垄断属性相对较弱。在这些环节可以适当引入竞争,不仅引入外资,还要重视民营资本的引入,使水务投资主体尽量多元化,以分散控制权风险。

二、构建我国水务企业的竞争优势

城市供水处于严格的政府监控之中,准入门槛与投资管制较严,所以,我国大部分城市的供水行业仍处于绝对垄断或寡头垄断的状态。当前,我国城市用水普及率已超过95%,接近发达国家水平,整个水务产业拥有2000多个水务企业。地方国有水务企业仍然是我国水务行业的主力军,我国水务产业的振兴需要依赖我国水务企业的成长和壮大。如何建立我国水务企业的竞争优势就摆在了面前。由于我国国有水务企业长期存在着经营效率低下、成本控制困难、存在冗员等问题,对我国地方财政造成了较大的压力。在这样的背景下,一些地方政府为了打破

城市供水的自然垄断,采用 BOT(建设-经营-转让)模式①、TOT(移交-运营-移交)模式、PPP(公私合营)模式、纯民营模式等引入了竞争机制。但需要认识到的是,这些合同大多有 15~50 年的年限,经历这些年后,我国水务企业将何去何从?水务产业具有自然垄断属性和规模经济效应,获得稀缺水务资源的企业将获得未来发展的制高点,很可能在水务产业中形成垄断优势,并获得丰厚的利润。所以,在引入外资的同时,需要强化我国水务企业从"示范效应"中学习外资水务企业的管理经验和先进技术,确保我国水务企业提高经营效率,加强我国水务企业的技术创新,从根本上构筑我国水务企业的竞争优势,减少对外资水务企业的依赖。

三、从规制入手加强政府对外资水务的监督

水务行业是具有一定地方垄断性的公共服务业,具有投资大、经营周期长的特点,其回报率不高,但收益比较稳定。水务产业属于市政公用行业,市政公用产品和服务的价格由政府审定和监管。当前,我国对水价实行市场化改革,价格规制改革是我国水务产业规制改革的核心。现在,我国水务产业已经形成了以收益率为核心的价格规制方式。收益率规制提高了外资投资我国水务产业的积极性,但外资企业为了进入我国地方水务市场,往往采用高溢价收购的方式。法国威立雅、苏伊士中法水务、英国泰晤士水务、德国柏林水务、法国斯旺迪水务等世界著名水务公司纷纷在我国国内进行了"高溢价"投资。2002 年,威立雅率先以超过净资产 3 倍的溢价收购了上海浦东自来水公司 50% 的股权,并获得了长达 50 年的特许经营权;2007 年,威

---

① BOT 是建设、经营、移交的简称,即由外资企业投资建设并经营一段时间,在取得合理回报后无偿移交的模式。在我国水务产业开放初期,外资多采用 BOT 方式,可分为合资 BOT 和独资 BOT。如:中法水务与保定供水公司的合作即为合资 BOT,而法国通用水务集团投资的成都自来水六厂即为独资 BOT。

立雅投入 17.1 亿元收购兰州供水集团净资产 45%股份（对应的净资产折合大约 3.5 亿元），远远超过同时竞标的中法水务 4.5 亿元和首创股份 2.8 亿元的报价。这种高溢价收购的方式无疑增加了外资水务的投资成本，部分外资水务企业进入后，大大提高了当地的居民用水价格，使民众的社会福利降低。尽管我国政策规定，应根据行业平均成本并兼顾企业合理利润来确定市政公用产品或服务的价格，但由于信息不对称，企业有可能虚报企业成本，从而提高定价。因此，政府在水务监管过程中应提高公众和企业的参与度，实现信息共享，加强制度建设。对于成本明显高于其他企业的企业进行审查，以防止企业为了定高水价而报高成本。

第五节 结　论

本章回顾了国内外关于水务产业市场化的文献，分析了外资水务在我国直接投资的发展阶段，提出了外资水务企业给我国水务产业带来的主要问题，并给出了对策建议。全文的主要思路如图 8-2 所示。外资水务进入我国市场带来的主要问题包括：水务产业安全、与我国水务企业的竞争加剧、公众利益保护等问题。针对以上问题，我们给出了相应的对策。对于水务产业安全问题，建议根据水务产业的特征将水务产业链细分成自然垄断环节（网管建设与运营）和非自然垄断环节（饮用水、污水和工业用水的处理等）。对自然垄断环节的进入进行严格的管制；而在非自然垄断环节，可以适度引入竞争机制。关于与我国水务企业的竞争加剧问题，建议我国水务企业通过"示范效应"学习外资水务企业先进的管理经营和技术，构建我国水务企业的竞争优势。至于公众保护问题，比较好的对策是提高公众和企业的参与度，加强对外资水务的监督。

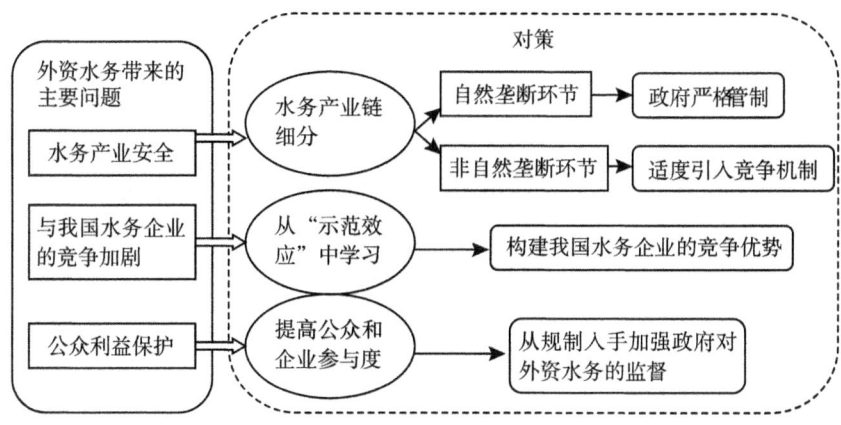

图 8-2 本章的主要思路

第九章　跨国粮商的发展战略及驱动因素研究
——基于日本丸红的案例研究

粮食安全如今已成为了我国关注的战略性问题，在我国大豆部分依赖进口的同时，我国玉米深加工的发展也催生了玉米进口的增长。在世界粮食贸易市场上，跨国粮商而非粮食主产地成为了影响粮食进口和出口的关键力量。日本在粮食自给率严重不足的情况下，仍然解决了本国的粮食安全问题，其中，日本跨国粮商的作用功不可没。可见，培育跨国粮商，在全球范围内形成强大的粮食采购网络和调运能力，能有效地弥补国内粮食种植不能自给自足的问题。因此，从我国粮食安全和培育大型跨国粮商的角度出发，研究日本跨国粮商的发展战略及驱动因素具有重要的意义。

然而，现有理论在跨国粮商的分析方面存在以下问题。首先，现有研究缺乏对农业领域的跨国公司特别是跨国粮商的发展战略研究。其次，现有文献关于推进一国跨国粮商驱动因素的研究并不多见。最后，作为土地资源缺乏的岛国日本，在自身粮食种植不能满足自给自足的情况下，是如何发展出跨国粮商的？探究日本跨国粮商的发展战略及其驱动因素，不仅有助于理解农业跨国公司的成长机制，丰富相关理论，还有助于将领先跨国企业经验的再次使用，为我国培育大型跨国粮商提供借鉴。

基于上述研究问题，本研究拟采用单案例研究方法，选取典型日本跨国粮商丸红为研究对象，分析和归纳其发展战略和驱动因素，为我国粮食企业的发展及国际化提供一定的借鉴与参考。

本章结构如下：第二部分，对相关理论进行回顾梳理；第三部分，介绍本章的研究设计与方法；第四和第五部分，对案例企业的发展战略进行分析、对比和引申讨论；最后，在结论与启示部分提出一个整合的研究框架，阐述本研究的理论贡献和实践启示。

第一节 跨国公司的发展战略与驱动因素

一、跨国公司的发展战略

企业的国际化战略通常包括：多国本土化战略、全球化战略和跨国战略。

（一）多国本土化战略

跨国公司的多国本土化战略重视东道国的本土市场，将战略和业务决策权分配到东道国的子公司，由当地子公司向本地市场提供本土化的产品（Appelbaum et al., 2011; Ralson et al., 2008）。多国本土化战略认为，每个东道国的市场都具有当地特色，各国的消费者需求、竞争者数量和类型、政治法律结构和社会文化都存在着较大的差异。多国本土化战略由于以满足当地消费者需求、适应当地竞争环境为导向，故能对当地市场变化做出快速准确的反应。为了便于满足当地消费者的特定需求，跨国公司子公司有权决定当地所要生产的产品。这一国际化战略能让企业在面对各个市场的异质需求时做出最优化的反应（Zaheer and Nachum, 2011; Guimaraes-Costs and Cunha, 2009）。但当跨国公司在较多东道国市场投资时，由于在不同国家根据不同市场采用不同战略，使得公司的不确定性增加，且不利于实现规模效应和降低成本。

(二) 全球化战略

相反，全球化战略力图在所有东道国市场采用趋于标准化的产品和统一的发展战略。采用全球化战略的跨国公司将竞争战略的决策权控制在母公司内，由母公司制定统一的发展战略。不同东道国的子公司之间相互联系，母公司试图将这些子公司的业务整合成一体。全球化战略注重规模效应，有利于将在某一东道国取得成功的经验运用到其他东道国（Zaheer and Hernandez, 2011）。而且，全球化战略由于母公司对多个东道国的子公司具有绝对的控制权，从而降低了风险。但全球化战略对当地市场反应迟钝，而且需要跨越国界协调战略和业务决策，因而，实行有效管理的难度较大。故而，实施全球化战略需要母公司与各子公司或各子公司之间实现资源共享，并及时进行跨国协调合作，充分体现了中央集权和总部控制的特点。

(三) 跨国战略

采用跨国战略的跨国公司试图将全球化战略的统一控制和多国本土化战略的当地反应统一起来。一方面，通过一体化的网络建立资源共享，运行计算机信息技术、卫星技术使母公司与子公司或各子公司之间建立实时互动。另一方面，让当地子公司具有一定的本地化弹性，在全球化统一决策的背景下，能结合本地市场实施战略。但这两方面的目标存在一定的冲突，对跨国公司而言，成功地实施跨国战略存在一定的困难。但从积极的角度看，跨国战略的有效实施可以使企业获得比多国本土化战略和全球化战略更多的业绩回报（Stehr, 2010；Rugman and Verbeke, 2008）。因此，在国际市场上，越来越多的跨国公司开始尝试运用跨国战略。

综上所述，跨国公司的几种发展战略主要基于全球资源整合的需求和本土市场快速反应的需求等两个维度，如图9-1所示。采用全球化战略的跨国公司具有较高的全球资源整合的需求,而对各东道国当地市场的反应需求较低;相反,采用多国本土化战略的跨国公司需要较高的东道国市场反应能力,而对全球资源的整合需求不高。跨国战略则既要应对较高的全球资源整合需求,又不能忽视各个东道国市场的本土特色。

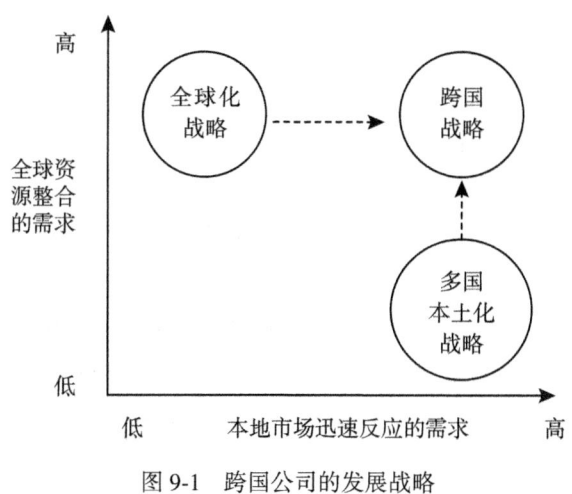

图 9-1　跨国公司的发展战略

二、跨国公司的发展驱动因素

一个企业成功跨越国界进行直接投资活动,成长为跨国公司存在一系列复杂的驱动因素。

(一) 获取潜在的稀缺资源

为获取稀缺资源而对外直接投资的企业一般与所在的行业息息相关。在一些制造业中,原材料比较稀缺,因为企业发展成为跨国公司在于寻求更充足的稀缺原材料的驱使,如矿产和能源行业等。而在另一些行业中,相对低廉的劳动力则成为了企业跨国投资的动因,如服装和电子产品等。因此,一些学者认为,获取潜在的稀缺资源是企业发展国际化战略的驱动因素之一。

(二) 日益相似的需求

消费者的需求受文化、生活习惯等多种因素的影响。互联网、通信媒体的快速发展方便了人们想象和模仿不同文化背景下的生活方式（Ko et al.，2011）。各国消费者对一些日用消费品的需求越来越相似。

(三) 扩大市场规模

通过对外直接投资，企业可以在本国市场之外的市场发展，扩大原有的市场规模。对很多企业而言，其在本国市场上的成长机会非常有限。因而，寻求扩大的市场规模驱使一些企业跨越国界成长为跨国公司。较大的市场规模意味着较高的潜在投资回报和较低的投资风险。许多公司倾向于在科技知识和人才较多的国家进行投资，从而生产高价值的产品（Choi et al.，2011；Shimizutani and todo，2008）。

(四) 规模经济和学习效应

扩大的产品市场能为企业带来规模经济，降低生产成本，为消费者增加价值。一些跨国公司将价值链创造的各个环节，如：采购，生产、销售、物流和售后服务等，进行标准化，从而有利于在全球市场上获得规模经济。通过在不同国家企业之间共享知识和资源，企业能在国际化市场中挖掘新的核心竞争力（Nachum and Song，2011）。跨国公司在多个国家运营也为自身提供了 R&D 和发展方面的学习机会（Qian et al.，2010；Zou and Ghauri，2009）。企业的 R&D 能力决定其创新能力，这对企业的发展至关重要。企业如果想在国际化的 R&D 中占有一定的优势，就需要具备合适的体制机制便于企业在 R&D 活动中获得相关的知识（Zhang et al.，2010；Song and Shin，2008）。

(五) 区位优势

区位优势是企业利用在国外特定地区的资源禀赋，并将其与自身独有的资产结合在一起所获得的优势。这些独有的资产包括企业的技术、营销或管理能力等。Dunning（1988）认为企业在以技术授权方式转让其能力和技术方面存在困难，因此，可以通过对外直接投资的方式将自身的独有能力与国外的地区性资源结合起来。国外特定地区的资源禀赋包括独特的自然资源（如石油和其他矿产）、廉价的人力资源、某些前沿知识和能力的集聚地（如硅谷）等。前沿知识和能力的高度集聚地的区位优势来自使企业通过相互间的知识形成而获益的非正式接触的网络，即"知识外溢"（Krugman，1991）。跨国公司在对外直接投资选址时将投资地点靠近这些来源，就可以获得知识外溢，从这些外部性中获益。

第二节 研究设计与方法

选择合适的研究方法是本研究首先需要考虑的问题。案例研究是通过丰富的定性数据对某一特定现象、问题进行深入描述和剖析的方法（Yin，1994）。案例研究方法有助于对特定现象背后的动态复杂机制进行理解（Eisenhardt，1989）。因此，本章采用案例研究的方式探讨日本跨国粮商的发展战略和驱动因素。单案例研究可用于研究有代表性的、典型的案例，其目的是了解某一典型性案例出现的环境和条件。而且，通过这类单案例研究得到的结论有助于加深对同类事情、事物的理解（Yin，2009）。因而，本章采用单案例研究方法来展开。

一、案例企业选择

作为一个领土面积有限的岛国，日本的粮食自给率仅仅在40%左右,远远低于一个国家粮食安全的国际标准。日本的粮食大量依靠海外进口,80%左右的饲料原料要靠进口解决。日本粮食企业很早就意识到了农产品供应不足的问题。为了保证本国粮食的稳定供应,日本粮商早在20世纪70年代就开始了国际化发展。本研究选择丸红为案例研究的对象,基于以下几个方面的原因:

(一) 丸红是在中国投资最多的日本粮商

丸红株式会社自1858年创立以来,已经有150多年的历史,公司总部位于东京,它不仅是日本五大综合商社之一,也是世界500强企业。丸红的业务范围广泛,涉及食料、化学品、能源、金属、运输机、电力基础设施、成套设备、纸张纸浆、信息、金融、房地产等多个领域。目前,丸红在世界各地的分支机构多达105家,其中主要分布在亚洲(40多家分支机构),仅在中国市场的分支机构就有14家,占到总数的13.33%。

(二) 丸红是向中国出口谷物(含大豆)的重要跨国粮商

2010年,中国进口大豆开始突破5000万吨,全年进口量达到5480万吨,其中,丸红向中国出口的大豆约占中国大豆总进口量的20%。在接下来的几年中,我国大豆供给大量依赖进口,2011、2012年分别达到5264、5838万吨。2012年,丸红出口到中国的大宗农产品约1060万吨,其中大豆1050万吨,位列我国大宗农产品进口商的首位。特别是在2012年,丸红收购美国 Gavilon Holdings 后,对中国大豆的出口有增无减,形成了其在中国大豆进口市场上的控制力。

(三) 丸红与其他日本粮商的发展战略如出一辙

丸红是日本最有代表性的跨国粮商之一,其在国际粮食市场上的发展战略与全农等其他日本粮商类似。1970年,全农参股的CGB公司在美国粮食主产区密苏里州的圣路易斯成立,当时只有3名职员。而今,

CGB 公司在全球有 95 个分支机构、超过 1500 名职员，业务领域包括向农户提供金融和风险管理服务，购买、存储、销售和运输农作物。由于日本粮商都根植于相同的母国环境中，因而发展之路都非常的类似。

综上所述，在日本跨国粮商中，丸红在华直接投资的密集程度及对我国粮食进口的影响程度都比较大。而且，案例企业的选择需要满足案例研究的典型性和代表性（Eisenhardt，1989）。因此，本章选择日本丸红为案例企业进行研究。

二、数据收集

由于研究对象的特殊性，本案例的数据主要为二手资料，包括文献资料、公司网站等。首先，通过丸红的官方网站了解其发展的历程和基本情况；其次，在中国知网学术文献总库检索与丸红相关的学术文献，共计 121 篇期刊论文、报纸报道等；最后，通过 Google 等搜索引擎检索丸红相关的信息。通过对这些文献的整理和分析，从现象到本质，理清丸红作为跨国粮商的发展战略及驱动因素。

第三节　跨国粮商丸红的发展战略

丸红是一个综合性企业集团，集经纪商、经销商、批发商、代理商、租赁公司、投资商、发展商、智囊团、大型项目组织者等多种功能于一身。丸红在日本国内拥有以东京为中心的具有影响力的市场，经历了从全球化战略阶段向跨国战略转化阶段的变化历程。

一、全球化战略阶段（20 世纪 70 年代~20 世纪末）

作为跨国粮商，丸红在早期实施的是全球化战略，即由总部做决策，对各国子公司具有完全的控制力。以其在中国的发展为例，早在 20 世纪 70 年代丸红就开始了与中国的产品贸易。在粮食以及食品进出口方面，丸红公司主要从事玉米、小麦、大豆、大米、油、杂豆、茶叶、肉鸡、豆馅等。1979 年丸红在北京成立驻京办事处；1995 年在中国成立第一家独资控股公司——丸红（中国）有限公司；1997 年开始，丸红开始在大连、上海、青岛等地进行绿地投资，成立面粉、榨油、肉鸡等加工厂。时至今日，丸红已经在长春、大连、北京、天津、青岛、上海、南京、武汉、成都、昆明、广州、香港、厦门等 14 个中心城市建立了分支机构。这个时期，丸红在中国的投资以建立独资子公司为主，其目的就是确保公司总部对子公司的控制力。

二、向跨国战略转化阶段（21 世纪初期至今）

在国际化方面，丸红注重在成长市场上建立完善的食品流通网络，以扩大在全球的发展。丸红根据粮食产地的多元化建立起了全球谷物采购调配体系，而且向全球销售农产品。不仅满足了日本本国的谷物需求，而且建立起了富有弹性的面向世界市场的供应体系。如今的丸红从美国、加拿大、巴西、澳大利亚、印度、乌克兰等谷物主要生产区域的农户（约占 20%）和其他贸易商（约占 80%）处采购大豆、小麦、玉米、动物油脂等大宗农产品。之后，销往日本、中国、韩国、印度尼西亚、越南、美国、加拿大、墨西哥、中美洲地区、加勒比地区、欧洲经济区等粮食需求国或地区。其中，丸红在中国主要从事大豆、大豆产品、玉米、干粗酒糟等大宗农产品贸易。21 世纪初期，丸红开始从全球化战略向跨国战略转化，在以下几个方面采取了一系列措施。

（一）在物流、生产加工等多领域实施跨国合作

流通和贸易是丸红粮油食品战略领域中的重点，因此，丸红在物流、生产加工、贸易等多个领域开展了国际合作。2006 年，丸红与广

东肇庆福加德投资控股有限公司开始在粮食、饲料等产品的物流配送上进行合作。丸红还在我国东北重要港口丹东港设立了粮食流通据点，并与丹东港集团合作新建码头，共同建立 200 万吨大豆深加工项目。丸红与中国储备粮管理总公司、山东六和集团共同建立饲料工厂等强化了其以亚洲为重点的谷物销售力。2009 年，丸红与中国储备粮食管理总公司下属的中储粮油脂有限公司开始建立在粮食流通领域的合作关系。丸红和中储粮合作在海外采购大豆等粮食产品，并在海内外建立物流网络。2010 年，丸红与中国规模最大的农牧企业——新希望六和股份有限公司开始实施战略联盟，共同在非洲、中近东、东欧及南美等中国以外的海外新兴国家开展饲料畜产事业。2011 年，丸红与旺旺集团及 Natori 三家公司共同成立了从事食品加工事业的合资公司。可见，21 世纪后，丸红开始注重东道国当地市场的需求，并积极与当地企业合资合作及建立战略联盟关系。

（二）跨国并购获得全资子公司

在国际化的过程中，丸红倾向于通过跨国并购的方式获得全资子公司，从而，增强了丸红对国外市场子公司的控制力。在世界上重要的谷物供应国——巴西，丸红也进行了一系列投资。2005 年，丸红收购了巴西的港口码头运作业公司——Terlogs 公司的 25.5%的股权。2011 年，丸红对 Terlogs 公司的股权进行了增购，将其变成了独资子公司。同时，丸红通过在巴西国内内陆地区构建集散网，加强了对巴西产谷物的采购能力，进一步提高了丸红在全球化谷物网络中的地位。通过改善设备和提高运作效率，丸红扩大了经销潜力、实现了稳定及时的谷物出口。

另外，丸红在美国市场的并购又增强了其全球粮食采购能力和调运能力。2012 年，丸红出资 36 亿美元收购了美国第三大谷物及能源交易商 Gavilon Holdings 的全部股权。收购完成后，丸红一年的大豆和玉米等谷物经营量超过了 5000 万吨，超越了 ADM、Bunge、Louis Dreyfus，规模仅次于全球最大的嘉吉（Cargill）。丸红并购 Gavilon 的目的是通过整合自身的销售能力和 Gavilon 的调运能力来占领需求迅速增长的亚洲谷物市场。丸红通过收购 Gavilon，充实了其在美国的谷物收购网，增强了自身的谷物调运能力。从而，进一步扩大了对中国、非洲及中东的谷物销售。

（三）当地化的物流网络

以美国市场为例，丸红在美国市场上拥有世界上自动化程度和集成度最高的谷物出口基础设施——丸红哥伦比亚谷物贸易有限公司（CGTI）的五号仓储物流综合体。哥伦比亚公司是丸红在美国的又一家全资子公司，具有 100 万吨的谷物处理能力，是美国西北部沿太平洋地区谷物市场的领导者之一。CGTI 拥有北美、南美等世界各地的采购网络，能充分利用高效率的物流系统，供应在华最具竞争力的大豆、大豆油、油菜籽、棕榈油、DDGS 等产品，并为其提供全方位的海运、融资、保险、检验、监装、市场分析和进出口手续等优质服务。而且，日本几大商社共同投资建立了出口码头、仓库和火车卸货场，接收通过铁路从美国中西部粮食主产区运来的小麦供应日本市场。丸红在铁路沿线的各州都有收货点，负责收集货源，供应出口订单。另外，丸红在美国市场的物流网络其管理人员几乎都是当地的美国人。而且，丸红收购 Gavilon 以后拥有了其在全美 140 处以上的粮食集散地和庞大的粮食集散流通网，以及其在巴西、澳大利亚和乌克兰等主要粮食产地的基地。Gavilon 的谷物调运能力达到 3800 万吨，其中，3000 万吨供嘉吉等美国大谷物商进行国内销售，余下 800 万吨用于出口。

由此可见，丸红作为跨国粮商，在粮油部门实现了从全球化战略向跨国战略的转换。由于粮油产品的特性，其产品本身没有什么差别，类似于标准化的产品。而且，丸红的战略决策主要控制在母公司内，由母公司协调世界各地的子公司，在全球粮食的主产区建立物流、销售网络，增强调运能力，并出口到世界主要的粮食需求国。随着丸红粮油部门的发展，为了更好地满足不断增加的东道国市场和获得更强的谷物采购能力，丸红开始在东道国采取有限的当地化策略。从而，开始由全球化战略向跨国战略跨越。

第四节　关键性驱动因素

一、"稀缺资源"与"独有能力"无缝结合形成区位优势

对于日本跨国粮商而言，谷物种植所需要的资源均是稀缺资源。日本正是缺乏这一类稀缺资源，才致使本国的粮食自给率低下。而丸红在经历了 150 多年的发展之后，已经形成了一些自身独有的能力，这些能力包括对大型跨国企业的营销、管理能力。丸红正是将投资东道国所具有的"稀缺资源"和自身长年发展所形成的"独有能力"结合起来，形成了 Dunning 笔下的区位优势。而这些区位优势也正是丸红国际化发展的驱动因素之一。丸红在谷物产地的并购和物流网络建设就是通过区位优势建立起核心竞争力，发展其在东道国的谷物采购、物流、调运能力。丸红在 2011 年对巴西港口码头运作业公司——Terlogs 的并购和在 2012 年对美国第三大谷物及能源交易商 Gavilon Holdings 的并购，就是源于巴西和美国两个主要谷物产地的重要性。通过这两次并购，丸红扩充了粮食收购网，增强了在全球调运粮食的能力。

二、通过"规模经济"增强全球粮食调运能力

从全球范围来看，谷物基本是标准化的产品。因而，跨国粮商较其他行业的跨国公司更容易获得规模经济，从而降低运营成本。丸红正是在采购、销售、物流等多个环节实行标准化运作，进而实现了规模经济

效应。从全球化运作来看,丸红通过增强谷物产地的采购能力和物流网络向世界粮食需求国出口粮食。就大豆贸易来看,丸红相当于大豆的中间贸易商,将美国和巴西种植的大豆大量出口给中国而获利。这一规模经济效应驱动了丸红粮油部门的国际化扩张。

三、在新兴市场扩大市场规模

根据世界经济的发展格局,亚洲等国新兴市场是谷物需求增长快速的市场。丸红通过在新兴市场寻求战略合作的方式,扩大了原有的市场规模。特别是近年来在我国市场的直接投资,不仅与我国多家企业实行战略联盟,而且在我国市场已经建立了多家独资子公司。丸红在新兴市场的发展克服了日本国内谷物需求有限的僵局,扩大了企业的市场规模。可见,扩大市场规模是丸红不断实施国际化的主要驱动因素之一。

综上所述,在丸红实施国际化战略的过程中,寻求稀缺资源、区位优势、规模经济和扩大市场规模是驱动其在日本以外国家快速发展的关键因素。

第五节 结论与启示

一、研究结论

本研究通过对日本跨国粮商丸红的单案例进行研究,分析了丸红的国际化发展过程,探讨了丸红所采用的国际化战略及其驱动因素。为了更清晰地展现丸红国际化发展的战略和驱动因素,本章给出了一个研究结论示意图,如图9-2所示。

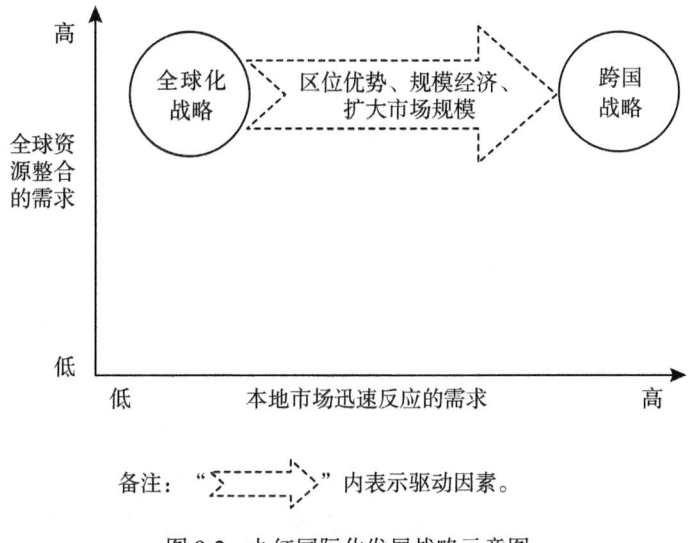

备注:"⇢⇢⇢"内表示驱动因素。

图 9-2 丸红国际化发展战略示意图

从这个示意图可以看出,第一,丸红结合投资国和东道国的特征,选择了从全球化战略开始向跨国战略转化的发展思路。从 20 世纪 70 年代开始至 20 世纪末期,丸红粮油部门发展实施的是全球化战略。进入 21 世纪以后,丸红开始从全球化战略向跨国战略转化,将全球化战略的效率和本土化的需求结合起来。以东京的母公司为中心,丸红通过合作、战略联盟、跨国并购、独资等多种方式进入粮食主产地和粮食主要销售区域,在全球建立起了完备、系统的采购、物流和销售网络。同时,丸红在东道国并购当地企业成为独资公司,并借助当地企业原有的员工和网络,增强自身的调运能力和满足当地需求的能力。第二,丸红将美国、巴西等粮食主产地的稀缺粮食种植资源与自身长年发展所形成的大型跨国公司管理能力相结合,所构成的区位优势成为了丸红国际化发展的驱动因素之一。而且,丸红在全球范围内形成了粮食采购、调运的规模经济,并且着力于在新兴市场的扩张以扩大市场规模。以上因素也驱动了丸红的国际化发展。

二、启示

(一) 培育跨国粮商是保障粮食安全的一剂良方

虽然日本的粮食自给率只有远远低于国际粮食安全标准的 40%，但日本跨国粮商的全球粮食采购、调运能力极大地弥补了日本在粮食种植资源方面的稀缺。在经济全球化的今天，保障粮食安全，不仅仅是扩大粮食种植面积和提高粮食产量，培育具有国际影响力的跨国粮商同样具有举足轻重的作用。丸红在美国、巴西等粮食主产国的战略布局，可为我国粮企借鉴，为保障我国粮食安全做准备。2013 年，我国粮食自给率在 90% 左右，全年大米出口量 47.84 万吨，玉米出口量 7.76 万吨，却是全世界最大的大豆进口国。2012 年大豆进口量占到全球大豆贸易总量的 60%，占我国国内供应量的 80%。丸红经营的大豆中 99% 出口到了我国市场。降低我国大豆的贸易依赖度，一方面可以扩大我国大豆的种植面积和种植产量；另一方面，可以培育一些具有国际影响力的跨国粮商，使其在巴西、美国等主要大豆种植地具备采购、调运大豆的能力，从而，减少我国大豆进口对其他国家的依赖。

(二) 充分借助东道国的稀缺资源和区位优势

日本跨国粮商在东道国的直接投资以合作、跨国联盟为主，充分借助了当地的稀缺资源和区位优势。不仅仅是丸红，日本跨国粮商全农在美国的分公司也主要以当地人为主。利用当地人对当地文化、市场的了解，参与采购、运输、仓储、销售、套期保值等一系列经营活动，掌握从乡村到出口整个价值链的各个环节。与我国一些粮企的对外投资不同，日本跨国粮商并没有参与种地，而主要是在采购、物流、调运等流通环节参与合作。我国大豆高度依赖进口，国内大豆压榨企业集中度低，生产规模小，议价能力较弱。丸红对我国大豆进口的控制力可能削弱下游大豆压榨企业的议价能力。如果我国粮企能走出国门，在大豆主产地具备一定地采购和调运能力，就能大大降低我国大豆进口对丸红等日本跨国粮商的依赖。

（三）跨国并购是跨国粮商成长的快速途径

从日本跨国粮商丸红的发展经历来看，跨国并购是其快速发展、迅速壮大的途径。2011 年对巴西 Terlogs 公司的并购和 2012 年对美国 Gavilon Holdings 公司的并购使丸红获得了迅速的扩张。近年来，我国一些粮食企业也开始了跨国并购之路。中粮集团收购了新加坡贸易商 Noble 农产品部门，结束了只能从中间商进口粮食的历史，能绕开贸易商直接从国际市场购买农产品。2014 年，中粮集团又先后收购了来宝集团旗下来宝农业有限公司 51% 的股权和控股了全球农产品及大宗商品贸易集团 Nidera，创下了中国粮油行业有史以来海外并购之最。但我国粮食企业要想成为与世界跨国粮商抗衡的大型跨国公司，还需要具备管理大型跨国公司的能力。跨国并购之后的融合还有待于我国企业向其他跨国粮商的学习和借鉴。

第十章　农业跨国公司的竞争优势及对我国粮食安全的影响

20世纪80年代以来，跨国农业公司迅速壮大，其市场垄断力不断增强，并使农产品贸易趋于集中化。农业跨国公司的直接投资（FDI）不仅对东道国市场的农产品种植种类、农业生产技术、农产品产量产生影响，而且影响到东道国的农产品进出口，从而影响一国的粮食安全。农业跨国公司所具备的市场垄断力远远超过了制造业、服务业领域的跨国公司。全球约2万亿美元的农业食品贸易受控于仅有的10家跨国公司，其中6家为美国公司。ADM、邦奇、嘉吉和路易达孚等四大跨国粮商控制着世界80%的粮食交易量。不仅如此，农业跨国公司在农业科研、生产、加工、运销等价值链环节的垄断都达到了前所未有的程度。因此，在粮食安全被提高到国家战略高度的今天，迫切需要研究农业跨国公司在我国直接投资的发展及其对粮食安全的影响。

国内一些学者从微观层面分析了农业跨国公司对我国农业的影响，这主要表现在如下几个方面：（1）农业跨国公司对我国农业技术创新的影响（任静、宋敏，2012；任静等，2013；冯志坚、肖黎，2011）；（2）农业跨国公司与农业国际化的双重影响（尹成杰，2010）；（3）农业跨国公司对中国农业投资的现状（王帅，2012；潘宇，2010；王永刚，2010；徐燕，2008）。但研究农业跨国公司对我国粮食安全的文献并不多见（张菲，2013；王帅、王蜜，2011）。张菲（2013）研究了跨国公司与全球粮食安全的关系。他认为农业跨国公司通过三种形式对全球粮食安全产生影响：（1）通过控制种业研发、推动转基因农产品生产和贸易，影响世界农业和粮食安全；（2）通过产业链延伸、整合兼并来影响粮食安全；（3）通过与金融资本结合，操控农产品期货市场价格，从而掌控国际粮价。王帅、王蜜（2011）分析了农业跨国公司活动对中国粮食安全的破坏性影响。但张菲（2013）分析的是跨国公司对全球粮食安全的影响，这与农业跨国公司对我国粮食安全的影响存在着一定的差异，我国粮食安全并不等同于全球粮食安全，因此，有必要分析农业跨国公司在我国直接投资的竞争优势及其对我国粮食安全的影响。

第一节　农业跨国公司在华的发展及竞争优势

一、农业 FDI 的发展

与在制造业和服务业的外商直接投资（FDI）相比，跨国公司在我国农业的直接投资比例相对较小，但却深刻地影响着我国农业的生产模式和粮食安全。根据《中国统计年鉴》的数据统计，跨国公司对我国农业领域的直接投资大致呈上升趋势（如图 10-1 所示），从 1997 年的 6.276 亿美元增长到 2012 年的 20.622 亿美元，平均年增长率达到 10.46%。

二、在华 FDI 的主要农业跨国公司

在我国直接投资的农业跨国公司主要包括以下三类：（1）以粮食

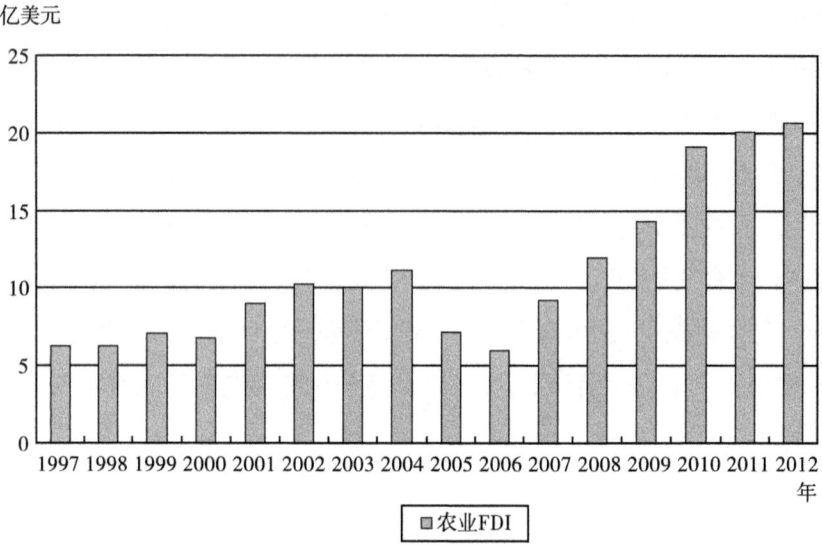

图 10-1　农业领域外商直接投资额 1997~2012

数据来源:《中国统计年鉴 1998-2013》。

及食品加工为主的跨国公司嘉吉、ADM、邦吉、路易达孚、丰益国际、丸红等;(2)以经营种子为主的跨国公司代表孟山都、杜邦先锋、先正达等;(3)以农药、化肥为主的跨国公司陶氏益农、加拿大钾肥等。本章主要分析前两类农业跨国公司的垄断优势及其对我国粮食安全的影响。在华 FDI 的主要农业跨国公司如表 10-1 所示。

三、农业跨国公司的竞争优势

(一)庞大的组织结构,超强的管理运营能力。

纵观在华直接投资的主要农业跨国公司,无不是在几十个国家和地区设立子公司和分支机构,拥有成千上万员工的大型组织。一些组织长达上百年的发展和运作,充分证实了其超强的管理和运作能力。正如海默(Hymer)在垄断优势理论中所提到的管理组织技能和工业组织优势,它们对农业领域的跨国公司同样有效。农业跨国公司在组织结构和管理运营方面的垄断优势对本土企业而言,几乎是望尘莫及的。

(二)强大的技术优势及 R&D 实力

农业跨国公司在育种、种植、加工等环节存在广泛的技术优势。它们拥有众多技术专利,如孟山都每年将销售收入的 9%~10% 投入 R&D 活动,其在玉米、大豆、棉花等多种重要作物的转基因种子市场上,占据 70% 至 100% 的份额。全世界超过 90% 的转基因种子,都使用它的专利。而且,它们在 R&D 方面的投入惊人。如:2009 年 11 月,国际粮油巨头"新加坡丰益国际"投资 8 亿元在上海高东工业园区成立丰益全球研发中心。杜邦先锋也先后在中国成立了 11 家产品研发机构。农业跨国公司在 R&D 方面的投入让本土企业望尘莫及,成为它们到他国直接投资的垄断优势。

(三)广泛布局价值链创造多个环节的能力

农业跨国公司在华 FDI 已经涉及到种植、加工、销售等价值链创造的多个环节。如:百事在内蒙古和山东种植土豆并生产和销售薯片,而且出口土豆到东南亚;法国威望迪环球公司在忠县和农民合股建柑橘果园基地种植柑橘;德意志银行注资 6000 万美元收购上海宏博集团公司养猪场 30% 的股份等等。可见,在价值链的采购、生产、加工、销售等多个环节,农业跨国公司都不同程度地与本土企业进行了合作。他们的垄断优势表现在多个方面,如引进优质种植、采用先进的生产技术、运用先进的管理经验等。

表 10-1　　　　　　　　在华 FDI 的主要农业跨国公司

名称		公司概况	农业经营领域	在华 FDI
四大跨国粮商	ADM（美国）	在 75 个国家经营，员工超过 31000 人	玉米、油籽、食品及饲料原料	1994 年并购集丰国际有限公司，与中粮集团合资成立多家企业。在中国拥有 150 多名员工
	邦吉/Bunge（荷兰）	世界领先的农业和食品公司，近 200 年的历史，在 40 个国家拥有 450 多家实体，有 35000 多名员工	化肥、农业、食品业、糖业和生物能源	2000 年在华成立国际贸易公司，向中国市场供应大豆等农作物，并协助中国农民和企业出口玉米和小麦。2004 年在华投资设立大豆加工工厂
	嘉吉/Cargill（美国）	近 150 年的经验，在 67 个国家中拥有 143000 名员工。2013 财年，嘉吉总营业收入为 1367 亿美元	农业服务、农产品贸易和加工、食品配料、金融及风险管理、工业等	在中国大陆拥有 7000 多名员工，52 家运营点。嘉吉在中国共经营 4 家油籽加工厂：其中 3 家在广东省，1 家在江苏省
	路易达孚/Louis Dreyfus（法国）	世界第三及法国第一粮食输出商，在 53 个国家设立办事处，雇员总数超过 3.4 万，全球销售总额年平均超过 300 亿美元	谷物、油料、油脂、饲料、大米、肉食、食糖、咖啡、棉花等	集团与中国在小麦、油脂、油料、饲料、棉花、食糖、和饲料谷物等农产品方面的贸易十分活跃，有进口亦有出口

续表

	名称	公司概况	农业经营领域	在华 FDI
其他粮商	丰益国际/Wilmar International（新加坡）	世界最大的粮食、食用油及农产品供应商、贸易商之一，年营业额 100 多亿美元，拥有 80000 多名员工和 300 多个加工厂	粮油、化工、能源、房地产	在华累计投资 40 余家粮油食品以及相关业务的生产加工企业
	丸红/Marubeni（日本）	150 多年的历史，127 处分支机构，员工 6000 多人	饲料谷物、大豆、小麦、砂糖、加工食品和饮料及其原料等	在华 16 个城市成立 16 处分支机构
种业跨国公司	先正达/Syngenta（瑞士）	业务遍及全球 90 个国家和地区，拥有约 27000 名员工，2012 年销售额约 142 亿美元，在高价值种子领域名列第三	食物生产、供应和加工的各环节	在华相关总投资已超过 3 亿美元，在中国设有五家独资企业、一家合资企业、一家合作企业和多家办事处，拥有员工 2000 余人
	孟山都/Monsanto（美国）	转基因种子市场的垄断巨头，在多种作物的转基因种子市场上，占据 70% 至 100% 的份额	玉米、大豆、棉花等	研发的转基因水稻在中国广西已大面积种植，其转基因大豆与转基因食用油在中国各大著名商场已可见

续表

	名称	公司概况	农业经营领域	在华 FDI
种业跨国公司	杜邦先锋/DuPont Pioneer（美国）	先锋为 90 多个国家和地区的客户提供服务	用于多种作物，包括玉米、大豆、水果、蔬菜、小麦、棉花、水稻等等	1998 年进入中国，成立铁岭先锋种子研究有限公司。在中国已成立 11 家产品研发机构
	利马格兰/Limagrain（法国）	大田种业位居世界第四，蔬菜种业位居世界第二，两者均在欧洲排名第一	植物玉米、小麦和蔬菜种子	1997 年进入中国大田及蔬菜种子市场。中国的合作伙伴包括农业上市公司袁隆平农业高科技股份有限公司

备注：根据公司网址及相关资料整理。

（四）对"独资、合资合作"企业的实际控制力

农业跨国公司在华直接投资以独资为主，2001～2010 年间独资方式所占的比重超过了 60%。独资使得跨国农业公司对在华子公司具有完全的控制力，并能有效地将竞争优势内部化，避免核心技术的外溢。在合资合作企业中，农业跨国公司不论是否拥有绝对的控股权，都凭借其强大的技术优势和管理经验而拥有对子公司的实际控制力。大多数农业跨国公司在华 FDI 不仅采用独资形式，也运用合资合作的方式。如：全球 500 强企业、世界第一大植保公司、第三大种子公司——瑞士先正达公司在中国的总投资已超过 3 亿美元，拥 2000 多名员工，建有 5 家独资公司、1 家合资企业、1 家合作企业和多家办事处。

农业跨国公司所具备的垄断优势是它们在华直接投资的动因。它们在谷物、大豆和薯类领域的开发和合作，正深刻地改变我国农业的生

产、储运方式和进出口贸易,从而,对我国的粮食安全产生影响。

第二节 我国粮食安全的度量指标及现状

一、度量指标

我国的粮食定义包括谷物(稻谷、小米、玉米)、豆类和薯类。"粮食安全"的定义可概括为三项具体的要求:①生产出足够多的粮食,确保有充足的供给;②最大限度地保证粮食供给的稳定性;③确保粮食的可获得性,即在经济与运输等条件方面不会对人们获得粮食造成障碍。因此,粮食安全的指标体系包括粮食数量指标、粮食波动指标、粮食自给指标等多个方面(陆慧,2008)。根据粮食安全的定义,本章将借助如下粮食安全的指标开展定量研究。

(一)人均粮食占有量

人均粮食占有量是衡量粮食安全的一个重要指标,它与一国的粮食安全成正比例关系。根据国际标准,保障人们基本生活需求的最低粮食量是每人年平均360公斤粮食。当人均粮食占有量低于这个水平时,一国就会产生粮食危机。为了确保数据的可得性,可以采用人均粮食产量来衡量人均粮食占有量。从1990~2012年期间,我国人均粮食产量处于波动期,一度在2001到2003年的3年中人均粮食产量低于人均最低保障粮食量360公斤的国际标准。自2003年之后,我国人均粮食产量一直处于上升阶段,从2003年的334.29公斤增加到2012年的436.5公斤。就人均粮食占有量来看,我国粮食安全近年来稳中有升。

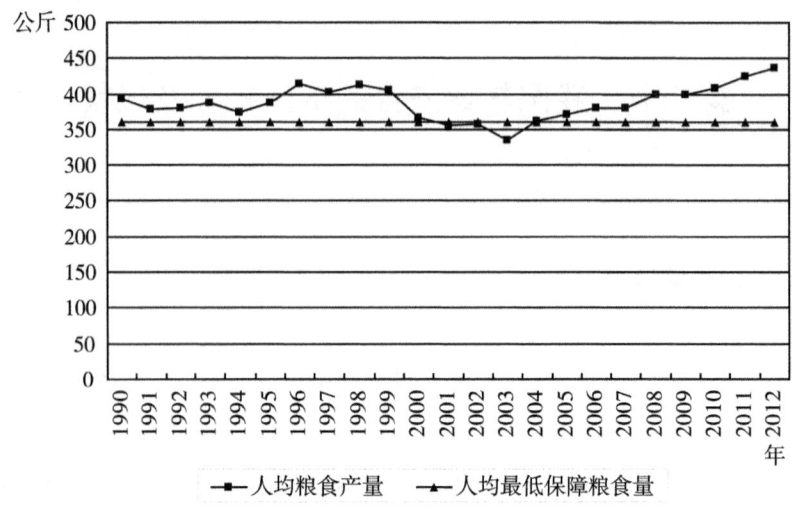

图 10-2 我国人均粮食产量：1990~2012

数据来源：《中国统计年鉴 2013》。

（二）粮食产量波动系数

粮食生产受自然条件、供求状况及经济政策等多重因素的影响。粮食总产量经常在一个时期内出现波动，其波动幅度反映了粮食供给的稳定性。因此，可以将粮食产量波动系数作为衡量粮食安全的一个指标。粮食产量波动系数的计算公式如下：

$$V_i = (Y_t - Y_t')/Y_t'$$

其中，V_i 为粮食总产量波动系数；Y_t 为 t 年的实际粮食产量；Y_t' 为 t 年的平均趋势粮食产量。V_i 值越小，生产稳定性越强，粮食安全程度越高；反之，V_i 值越大，生产稳定性越弱，粮食安全程度越低。

我国粮食总产量从 1990 年的 4.462 千万吨上升到 2012 年的 5.896 千万吨，平均年增长率为 2.495%。本章运用 3 年移动平均法计算平均趋势粮食产量 Y_t'，然后计算粮食总产量波动系数 V_i（如图 10-3 所示）。从图中可以看出，从 2003 年开始，我国粮食产量波动系数逐渐减小，我国粮食安全程度增加。

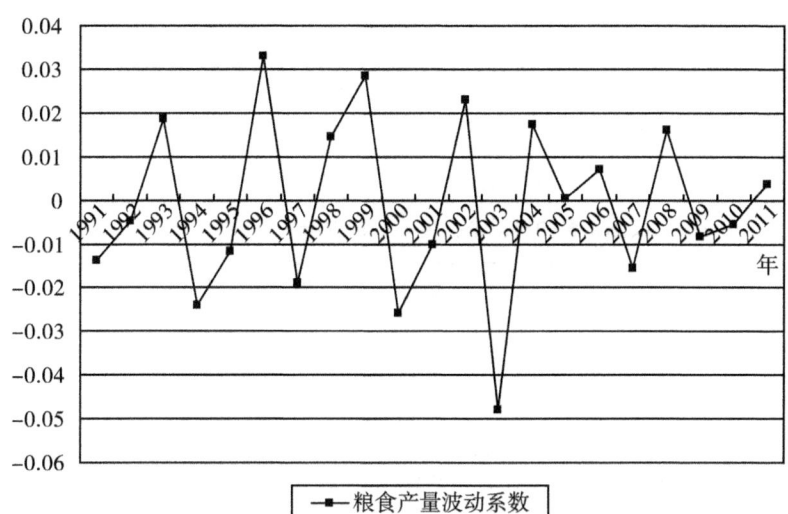

图 10-3　我国粮食总产量波动系数：1991~2011

数据来源：《中国统计年鉴 2013》。

（三）粮食的贸易依存度

粮食的贸易依存度是粮食的进口量与总需求量的比值。其计算公式如下：

$$R_t = FI_t / FD_t$$

其中，FI_t 是 t 年的粮食总进口量，FD_t 是 t 年的粮食总需求量。粮食贸易依存度 R_t 反映了粮食的自给水平，粮食自给率的计算公式为：

$$G_t = 1 - R_t$$

国际通用的标准是当粮食自给率 $G \geq 95\%$ 时，一国达到了足够高的粮食安全水平；当粮食自给率 $G \geq 90\%$ 时，一国达到了可以接受的粮食安全水平。该衡量方法的难点在于估计粮食的总需求量，计算粮食的总供给量。根据数据的可得性，本章用当年粮食总产量与进口量之和减去当年的粮食出口量来衡量当年粮食总需求量。1990~2012 年我国粮食的贸易依存度和粮食自给率如表 10-1 所示。从表 10-2 中可见，我国粮食贸易依存度从 1990 年开始基本呈下降态势，达到 1990 年的最低点 0.67%。接着，从 2001 年开始大幅增加，到 2012 年我国的粮食贸易依存度达到 10.95%，接近粮食安全的临界水平。

表 10-2　我国粮食的贸易依存度与粮食自给率：1990~2012

年	粮食进口量（万吨）	粮食出口量（万吨）	粮食总产量（万吨）	粮食总需求量（万吨）	贸易依存度	粮食自给率
1990	1372	583	44624.3	45413.3	3.02%	96.98%
1991	1345	1086	43529.3	43788.3	3.07%	96.93%
1992	1175	1364	44265.8	44076.8	2.67%	97.33%
1993	752	1535	45648.8	44865.8	1.68%	98.32%
1994	920	1346	44510.1	44084.1	2.09%	97.91%
1995	2081	214	46661.8	48528.8	4.29%	95.71%
1996	1223	198	50453.5	51478.5	2.38%	97.62%
1997	417	912	49417.1	48922.1	0.85%	99.15%
1998	388	953	51229.5	50664.5	0.77%	99.23%
1999	339	839	50838.6	50338.6	0.67%	99.33%
2000	315	1456	46217.5	45076.5	0.70%	99.30%
2001	1738	973	45263.7	46028.7	3.78%	96.22%
2002	1417	1596	45705.8	45526.8	3.11%	96.89%
2003	2282	2326	43069.5	43025.5	5.30%	94.70%
2004	2998	586	46946.9	49358.9	6.07%	93.93%
2005	3286	1141	48402.2	50547.2	6.50%	93.50%
2006	3186	723	49804.2	52267.2	6.10%	93.90%
2007	3237	1032	50160.3	52365.3	6.18%	93.82%

续表

年	粮食进口量（万吨）	粮食出口量（万吨）	粮食总产量（万吨）	粮食总需求量（万吨）	贸易依存度	粮食自给率
2008	3898	228	52870.9	56540.9	6.89%	93.11%
2009	4570	167	53082.1	57485.1	7.95%	92.05%
2010	6051	136	54647.7	60562.7	9.99%	90.01%
2011	5809	137	57120.8	62792.8	9.25%	90.75%
2012	7236	128	58958	66066	10.95%	89.05%

数据来源：《中国统计年鉴：1991~2013》。

从 1990 年到 2012 年，我国粮食贸易依存度的发展曲线如图 10-4 所示。可见，从 2000 年开始我国粮食安全对国外粮食的进口依赖程度逐年增加，引起了我国政府部门的高度重视。这主要是因为从 2001 年开始，我国开始大量进口大豆。从 2001 到 2012 年，我国大豆的进口量从 1394 万吨增加到 5838 万吨，占粮食总进口量的 67.48%~96.05%。表 10-3 显示了我国大量进口大豆以来，我国粮食的进口结构。可见，当前降低我国粮食贸易依存度在很大程度上有待于提高我国大豆的自给率，降低我国大豆的进口量。

表 10-3   **我国粮食进口结构：2001~2012**

年	谷物及谷物粉进口（万吨）	大豆进口量（万吨）	粮食总进口量（万吨）	大豆进口量/粮食总进口
2001	344	1394	1738	80.21%
2002	285	1132	1417	79.89%
2003	208	2074	2282	90.89%
2004	975	2023	2998	67.48%
2005	627	2659	3286	80.92%

续表

年	谷物及谷物粉进口（万吨）	大豆进口量（万吨）	粮食总进口量（万吨）	大豆进口量/粮食总进口
2006	359	2827	3186	88.73%
2007	155	3082	3237	95.21%
2008	154	3744	3898	96.05%
2009	315	4255	4570	93.11%
2010	571	5480	6051	90.56%
2011	545	5264	5809	90.62%
2012	1398	5838	7236	80.68%

数据来源：《中国统计年鉴：2002~2013》。

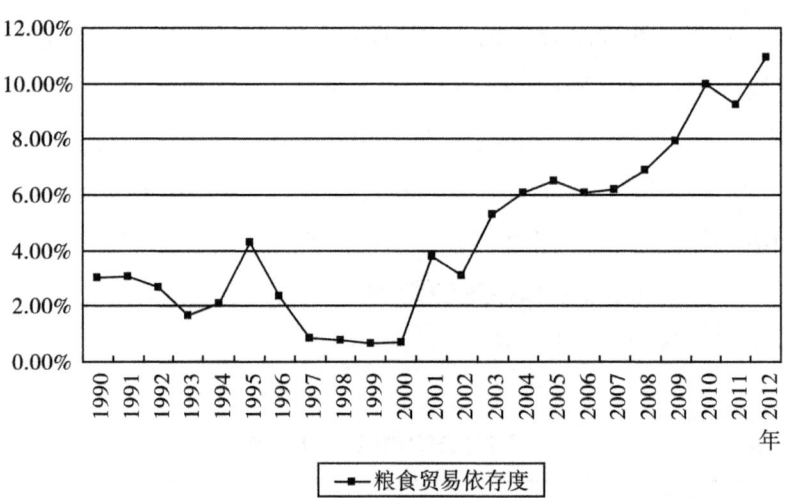

图 10-4　我国粮食贸易依存度：1990~2012

数据来源：《中国统计年鉴：1991~2013》。

我国大豆的种植主要分布于黑龙江省，该地区 2012 年的大豆产量占到了我国大豆总产量的 35.51%；内蒙古等其余 9 个省份的大豆产量占到了总产量的 43.35%（如表 10-4 所示）。一方面，我国大豆的种植户基本为供给能力弱、土地面积少、分散种植的小农户，通常是价格的接受者。而另一方面，我国大豆种植面积从 2000 年开始逐年下降，作为我国大豆主产区的黑龙江，2010~2012 年间大豆的种植面积萎缩了近 40%，由原来的 6740 万亩减少到 2012 年的少于 4000 万亩（陈超、张明杨，2013）。以上原因导致我国大豆产量持续下降。我国大豆进口消费主要分布在沿海省市（如表 10-4 所示），山东、江苏、广东、广西、天津、辽宁、福建等七个沿海省市的大豆进口量占到了 2012 年大豆总进口量的 84.27%。可见，在种植区位和进口消费区位上存在着一定的差异。

表 10-4　　2012 年我国大豆的产量及进口量分布

排名	地区	2012 各地区大豆产量（万吨）	占总产量的比重	排名	地区	2012 各地区大豆进口量（万吨）	占总进口量的比重
1	黑龙江	463.4	35.51%	1	山东	1313.4	22.50%
2	内蒙古	122	9.35%	2	江苏	941.5	16.13%
3	安徽	113	8.66%	3	广东	754.1	12.92%
4	河南	78.1	5.98%	4	广西	600.8	10.29%
5	江苏	55.3	4.24%	5	天津	437.3	7.49%
6	四川	51.9	3.98%	6	辽宁	401.4	6.88%
7	吉林	40.8	3.13%	7	福建	366.5	6.28%
8	山东	37.4	2.87%	8	浙江	257.8	4.42%
9	陕西	36	2.76%	9	河北	257.3	4.41%
10	辽宁	31.2	2.39%	10	河南	116.2	1.99%
	全国	1305	78.86%		全国	5838.5	93.28%

数据来源：《中国农村统计年鉴 2013》。

二、粮食安全的现状

从人均粮食占有量来看，我国粮食人均产量超过了国际上最低的粮食保障量；从粮食产量波动系数来看，我国粮食产量波动幅度在逐年减小。这两项指标都显示我国粮食安全程度在逐步提升。但从粮食贸易依存度来看，我国粮食特别是大豆大量依赖进口，使得我国粮食从2001年开始对进口的依赖性增强。人均粮食占有量、粮食产量波动系数、粮食贸易依存度等三个指标分别从三个不同的侧面反映了我国粮食安全的现状。在以上衡量粮食安全的三项指标中，前两项指标的大小主要取决于国内粮食生产者的投入、粮食生产的自然环境、我国的经济政策等国内因素的影响。而第三项指标不仅受国内粮食生产相关因素的影响，也受到农业跨国公司的影响。我国粮食贸易依存度上升主要是因为大豆进口攀升，而我国大豆的主要进口国分别是美国、巴西和阿根廷等。林大燕等（2014）分析了季节因素对我国大豆进口市场格局的影响，结果表明，除美国市场之外，我国不断提高的大豆进口需求越来越依靠巴西和阿根廷。但很少有文献从农业跨国公司和 FDI 的角度分析我国大豆需求对进口贸易的依赖。

第三节　农业跨国公司对我国粮食安全的影响

一、影响我国多种粮食贸易与种植

当前，几大跨国粮商 ADM、邦吉（Bunge）、嘉吉（Cargill）、路易达孚（Louis Dreyfus）（简称 ABCD）、新加坡丰益国际、日本丸红，及四大种业跨国公司先正达、孟山都、杜邦先锋和利马格兰已经涉足了我国多种粮食的贸易和种植领域，对我国粮食安全构成了一定的威胁。

（一）粮食贸易

农业跨国公司在华的粮食贸易包括大豆、玉米、小麦、大麦、高粱等。

我国粮食贸易依存度的上升主要源于大豆进口的上升。在大豆进口方面，法国农业跨国公司路易达孚（Louis Dreyfus）在美洲主要大豆种植区都设有机构，并参与了约五分之一的中国大豆进口。日本跨国粮商丸红在华的大豆进口中也占据了重要地位，如：2013 年我国 6340 万吨大豆进口量中，日本丸红的销售量就达到了 1200 万吨，占到我国大豆进口量的 19%。再加上荷兰跨国粮商邦吉（Bunge）等在华的经营和运作，我国大豆进口贸易几乎被几个主要的跨国粮商所控制。

在玉米、大米、小麦、大麦、大豆等领域，跨国粮商的贸易额仍在进一步地增长。美国跨国粮商 ADM、嘉吉（Cargill）就是中国市场玉米、油籽、食品及饲料原料的主要供应商和加工商。法国跨国粮商路易达孚（Louis Dreyfus）从世界各地运来玉米、小麦、大麦、高粱和可溶性干酒糟，销售给中国的主要终端用户；并从越南、泰国和巴基斯坦等东南亚国家向中国进口优质大米。而且，到 2014 年年底，中国政府已批准进口瑞士种业跨国公司先正达的 Agrisure Viptera 转基因玉米和美国种业跨国公司杜邦先锋的 Plenish 转基因大豆产品。这表明，将有一部分转基因玉米和大豆产品通过进口贸易流入我国市场。而转基因食品的安全性一直是一个饱受争议的话题[12]，还有待于进一步地验证，这也可能影响到我国百姓的粮食安全。

这些跨国粮商占据了我国粮食贸易的大部分市场，在我国的进口量仍然在增长（如表 10-5 所示）。以 2014 年上半年为例，跨国粮商在华投资的企业占到了我国粮食进口市场的 39.56%，高于国有企业、私营企业的 26.85% 和 32.22%。尽管跨国粮商粮食进口的增长率要远远低于我国企业，但其基数大，占有的市场大，仍然会对我国粮食企业造成一定的影响。一方面，不利于我国跨国粮食企业的培育。国外跨国粮商的发展都经历了一二百年的历史，如荷兰跨国粮商邦吉（Bunge）成立于1818年，距今已197年；美国跨国粮商嘉吉（Cargill）成立于1865年，已发展了150年。任何跨国粮商的发展都是经历了历史沉淀，通过长期的经营运作成长起来的。与国外跨国粮商相比，我国粮食企业还处于国际化的初期，仅有少数粮食企业参与了国际贸易[14]，如中储粮、中粮、九三粮油工业集团等。另一方面，使得我国粮食进口的主要渠道掌握在跨国粮商手中，增强了我国粮食进口贸易对跨国粮商的依赖。

表10-5　　　　2014年1~6月在华企业粮食进口情况

类　　型	进口量（万吨）	进口市场占有率	同比增长率（%）
外商投资企业	1616	39.56%	8.78
国有企业	1097	26.85%	86.23
私营企业	1316	32.22%	73.57
集体企业	56	1.37%	-5.8
总计	4085		

数据来源：国际海事信息网。

（二）种植

农业跨国公司对我国粮食种植的影响比较显著的表现在玉米领域。如：美国种业跨国公司杜邦先锋（DuPont Pioneer）研发的"先玉335"已经从2006年的推广面积26万亩增加到2010年的3000多万亩，加上相关品种，总面积接近6000万亩，在国内种植面积已经排名第二。"先玉335"的玉米种子在东北适应区域的占有率在75%左右，而在吉林省整体的市场占有率高达到85%。以吉林省为例，2008年种植面积为200万亩左右，2009年为700万亩左右，而2010年已达到近2000万亩，成为吉林省播种面积最大的玉米品种，直接冲击了国产玉米种子的市场份额。就玉米这个品种而言，剩余数千家持种子经营许可证的中国企业，分得的市场份额不足四分之一。

目前，在我国注册的外资种子企业已经超过了 70 家，这些企业开始从蔬菜和花卉业务延伸到玉米、水稻等大田作物。外资种业跨国公司在华迅速推广其种子的种植，蚕食了我国种子企业的种植面积，使我国种子市场的份额迅速缩减。这既不利于我国种子企业的发展，又造成了我国农户对外资种子的依赖。一旦外资垄断了种子市场，它们就可能提高种子价格，增加我国农户的种植成本，影响我国粮食品种的种植，从而对我国粮食安全造成威胁。

二、控制产业链两端——育种和加工

作为产业链两端附加值较高的环节——育种和加工，由于科技含量高、投入大，已经逐渐集中在少数农业跨国公司手中。产业链上游的育种环节已经被瑞士种业跨国公司先正达（Syngenta）、法国种业跨国公司利马格兰（Limagrain）、美国种业跨国公司孟山都（Monsanto）和杜邦先锋（DuPont Pioneer）等少数几大种业公司所控制，而产业链下游的农作物加工环节则基本由美国跨国粮商 ADM、法国跨国粮商路易达孚（Louis Dreyfus）、荷兰跨国粮商邦吉（Bunge）和新加坡跨国粮商丰益国际等所控制。

（一）育种

我国种子法对于外资进入有严格的限制，外资持股的份额不能超过 50%。但在种子合资企业内，尽管中方资金占到了 50% 以上，但科研和技术方面仍然是外资占主导地位。种子公司的核心技术和专利仍然掌握在外资公司内。

在部分合资企业中，育种研发主要依赖外资方，忽视了中方种子公司研发能力的提升。以玉米种子为例，国内经营玉米种子的上市公司主要是登海种业和敦煌种业，而这两家上市公司分别于 2002 年、2006 年与美国种业跨国公司杜邦先锋成立了合资企业登海先锋、敦煌先锋。而这两家企业销售的主力种子正是杜邦先锋的种子"先玉 335"。2011 年半年报的数据显示，登海先锋、敦煌先锋两家子公司的营业收入占到了其母公司登海种业、敦煌种业的比例分别为 93%、48%。可见，在以上两家中外合资种业企业中，中方企业主要致力于销售外方企业研制的品种，而少见两者在种子研发领域的合作。

而在有些合资企业中，中外双方都参与到育种研发的环节中，有利于提升我国种子企业的育种能力。如：我国央企中种集团和美国种业跨国公司孟山都（Monsanto）的合资合作是我国规模较大的合资种子企业。作为 1978 年经国务院批准在原农林部种子局基础上成立的我国第一家种子企业——中种集团，经过 30 多年的发展已成为一家集科研、生产、加工、营销、技术服务于一体的产业链完整的大型种业集团。2001 年，中种集团与美国孟山都公司合资成立了第一家经营玉米等大田作物种子的中外合资种子企业——中种迪卡种子有限公司。2013 年，中种迪卡种子有限公司增加注册资本达 4.8 亿，更名为"中种国际种子有限公司"（简称"中种国际"）。中种国际也成为第一家由外国母公司向其在华合资企业注入育种研发能力和体系的中外合资种子企业。中种国际的玉米业务已经建立了集科研育种、生产加工、销售服务于一体的经营模式。经营区域遍及东华北、黄淮海、西南和西北的主要玉米产区。公司玉米业务以"公司+基地+农户"的方式，在国内玉米制种自然条件最具优势的西北河西走廊地区建有稳定的生产基地，同时，在玉米主销区域已建立了完善的营销及技术服务网络。

就种子行业而言，我国有大约 6200 多家种子公司，仅有 300 多家注册资金达到了 3000 万元以上，种子企业呈现小而散的特点。其中，"育、繁、推一体化"的企业仅有 90 多家，多数种子企业育种能力比较薄弱。而且，我国种业存在育、繁、推脱节的问题，通常科研单位只负责育种，而由种子公司销售种子，从而造成了种业的产业链割裂。外资种业的进入，一方面促进了我国种子企业向"育繁推一体化"的转变；另一方面要警惕在合资企业中的育种环节过分依赖外方而削弱了中方企业的育种能力。总体而言，应加大对我国种业科技的投入，在粮食育种的关键环节掌握主导权，避免因育种能力低下而依赖种业跨国公司，进而影响我国粮食安全。

（二）加工

在加工环节，农业跨国公司在华建立了一些独资、合资合作企业。这些加工厂主要包括大米、水稻、大豆和油籽加工等。

一些农业跨国公司在华的加工环节通常同时涉及多种粮食品种。如：美国跨国粮商 ADM 不仅与新加坡跨国粮商丰益国际在中国多个地方共同建立了合资大豆加工厂，而且早在 1994 年就与中粮集团、丰益国际在张家港合资建立了东海粮油工业有限公司，开始经营油籽压榨业务。另外，美国跨国粮商嘉吉在华从事大宗农产品的采购、加工、运输和分销，涉及大豆、油菜籽、玉米、豆粕、植物油，以及非谷物饲料原料等产品。

从农业跨国公司在华设立加工厂的区位选择来看，它们通常同时投资于多个不同地区以试图覆盖整个中国市场。如：荷兰跨国粮商邦吉（Bunge）从 2005 年开始就在中国投资设立了大豆加工厂，到目前为止已在山东、天津、南京分别设立了三家大豆加工厂——邦基三维油脂有限公司（山东日照）、邦基正大粮油有限公司（天津）和邦基粮油有限公司（南京）。美国跨国粮商嘉吉也在中国经营了四家油籽加工厂，分别位于广东（2家）、江苏和河北等省。法国跨国粮商路易达孚也分别在河北、江苏和广东等三省设立了 3 家榨油厂，为市场提供大豆粉、豆油以及副产品。其中，大豆粉主要销往本地及主要饲料加工集团，用于生产动物饲料；大豆油主要销往提纯与灌装企业。同时，农业跨国公司在我国加工环节的市场占有率也在不断提升。以大豆加工为例，目前我国有 90 家大豆加工厂，其中 64 家为外资，占比超过了总数的三分之二,生产能力超过了全国产量的85%。而这些国内厂家用的大豆也多来自进口。

农业跨国公司在加工环节具有先进的技术和管理经验。它们不仅加强了与当地农户的合作,而且在加工过程中提高了农产品的利用率。在管理方面,新加坡跨国粮商丰益国际2009年就在黑龙江建立了大米加工厂,与当地农户签订水稻种植合同,尝试订单农业,直接将势力范围渗透到种植领域。在技术方面,丰益国际在华子公司益海嘉里能将水稻加工过程中产生的稻壳用于发电,稻壳灰做成吸附剂,并将米糠油做成一级食用油,还将从米糠油中提取谷维素、糠蜡、植物甾醇和维生素E,从米糠粕中提取植酸、肌醇以及膳食纤维等产品,增加水稻每吨产出价值,实现增加水稻产品的附加值。丰益国际的先进技术提高了农产品加工过程中产生的价值,增加了单位农产品的利用率。

由此可见,一些农业跨国公司在华的加工厂不仅同时涉及多种粮食品种,而且已经完成了在华的区位布局,并凭借先进的技术和管理经验占到了我国粮食加工市场的大量份额。农业跨国公司的迅速发展进一步缩减了我国粮食加工企业的市场空间,不利于我国粮食加工企业的发展。而且,与农业跨国公司在粮食加工领域的技术差距,使得我国粮食企业很难在外资企业的示范效应中获得技术外溢。

三、本土化 R&D 及影响

种业跨国公司在进入中国市场的早期,就开始了与我国种业企业、科研院所的 R&D 合作,并在中国市场取得了长足的发展。如:美国种业跨国公司孟山都与"中种集团"的合资子公司"中种国际"在河南、山东、吉林和黑龙江拥有四个育种站,并在海南建有南繁及单倍体加倍中心。其技术开发部在国内 10 余个玉米主产省份建有试验网络体系,每年开展各类田间试验 400 余项,内容涵盖产品线测试和各类农艺学研究等。中种国际拥有国内一流的田间测试设备,同时还建立了与孟山都全球对接的数据库系统、田间试验标准化操作流程等。另外，作为大田种业位居世界第四的种业企业，法国种业跨国公司利马格兰从 1997 年进入中国市场时，就和山西农科院作物所开展合作，针对小麦和玉米进行研究，在中国进行育种；在甘肃设立了一个生产基地，并将培育出来的种子进行生产和销售。到 2011 年 4 月，利马格兰在中国市场投资已超过一亿欧元。

同时，一些农业跨国公司将中国市场作为未来发展的重心，在中国成立了研发中心。如：美国种业跨国公司杜邦先锋自 1998 年进入中国市场就在辽宁铁岭成立了铁岭先锋种子研究有限公司。为了增强在中国的研发实力和技术创新，杜邦先锋先后在中国成立了 11 家研发机构。2009 年，国际粮油巨头新加坡丰益国际投资 8 亿元成立丰益全球研发中心，落户于上海高东工业园区。丰益国际全球研发中心是全球粮油产业中最大的纯研发中心之一，它将带动中国从"粮油消费大国"向"粮油科技大国"转变。该中心计划建设成为粮油技术与产品研发，新产品及技术咨询，产品技术服务，科技合作与交流，粮油食品专业人才培育的"五个中心"，对全球粮油行业发展共同关注的六大技术领域进行研究。而且，2000 年起，丰益国际在华独资子公司——益海嘉里陆续投入了 3000 万元成立了集团研发中心，专注于植物调和油研发及大豆、米糠的深加工研究等。

农业跨国公司在中国的本土化研发大多集中于种子培育、农产品深加工等领域。在种业方面，中国是一个农业大国，常年农业用种量在 125 亿公斤左右，排名世界第二，巨大的种子需求量使得中国种子市场日趋成为国际种业竞争的焦点。2012 年底，我国种业企业的数量由原来的 8700 多家下降到 6200 多家，而这些本土种子企业中仅有 90 多家拥有育繁推一体化的能力，大部分企业缺乏自主研发能力，仅 1.5% 的种子企业拥有研发创新能力。与农业跨国公司相比，我国种业企业数量大、规模小、研发能力弱。大部分本土企业的 R&D 投入仅维持在或低于其销售额的 1%，远远低于农业跨国公司在 R&D 方面的投入。农业跨国公司的 R&D 投入一般占到销售收入的 10% 左右，有的甚至高达 15% 到 20%。如：美国种业跨国公司孟山都 2010 年 105.02 亿美元的销售收入中用于研发投入的费用就高达 12.05 亿美元。农业跨国公司培育的优良品种由于产量高、抗病虫害能力强而获得农户的青睐。由于农业跨国公司掌握着核心技术，拥有强大的 R&D 实力，从而加深了部分农户对其的依赖。

另外，过去 10 年，我国耕地面积下降了近 6%，我国每年因水土流失造成的耕地流失平均为 100 万亩。而且，城镇化也使得一些地区的耕地面积减少[15]。为了在我国耕地面积减少的情况下保障粮食安全，依靠农业科技提高粮食产量和粮食深加工水平是比较有效的途径之一。新加坡丰益国际在华独资子公司益海嘉里的首席运营官穆彦魁曾说，丰益国际还在继续提升从米糠中提取米糠油的技术，中国每年生产的稻谷在 2 亿吨左右，这 2 亿吨稻谷产生的米糠油可以达到 200 万吨，换算成大豆，相当于多增加了 1 亿亩左右的土地才能种出来。因此，通过粮食深加工技术的提升，可以弥补我国耕种面积减少可能带来的粮食安全问题。

第四节 结论与启示

一、结论

农业跨国公司通过上百年的经营发展已经在农业贸易和 FDI 方面形成了垄断优势。这些垄断优势包括：运营庞大组织结构的能力、强大的技术优势及 R&D 实力、布局价值链创造多个环节的能力和对"独资、合资合作"企业的实际控制力。农业跨国公司借助这些垄断优势对我国的粮食安全产生了一定的影响。

农业跨国公司在华的粮食进口贸易广泛涉足大豆、玉米、小麦、大麦、大米、高粱等多种粮食品种。特别是在大豆进口方面，丸红、ADM、邦吉 Bunge、路易达孚 Louis Dreyfus、嘉吉 Cargill 等跨国粮商控制了美国、巴西、阿根廷等大豆主要产区的种植和贸易，控制了我国大豆进口的较大比重，从而影响了我国的粮食贸易依存度。在粮食种植方面，种业跨国公司在华迅速推广其种子种植，已经从蔬菜和花卉业务延伸到玉米、水稻等大田作物。尤其是美国杜邦先锋的玉米种子在我国的玉米种植面积中已经排名第二。

尽管我国政策规定种业跨国公司进入中国市场只能以与我国种子企业合资合作的方式进入，而且外资持股比例不能超过 50%。但一些中外合资种子企业仅仅致力于推广外方研发的种子销售，而忽视了中方种子企业的研发投入和能力提升。仅有少数合资种子企业进行了联合研发、育种。从总体而言，由于核心技术和知识仍然控制在合资企业的外方手中，中方企业较难学习到先进的技术和经验。对广大育种能力弱小的我国种子企业而言，种业跨国公司挤占了其市场空间，不利于我国种子企业的成长和发展。在粮食加工环节，一些农业跨国公司的深加工技术要比我国加工厂先进。农业跨国公司通过并购、新建等模式迅速在我国扩张，一些小的、旧的加工厂被其兼并。但在加工领域，农业跨国公司通过先进技术提高了我国农产品的利用价值和利用率，从一定程度上可以弥补我国由于耕地面积减少而导致的部分农产品产量下降问题。

农业跨国公司在中国的 R&D 主要集中于种子培育和农产品深加工领域。一方面，我国本土企业在 R&D 方面的投入远远低于跨国公司，无法与跨国公司竞争。而另一方面，一些农业跨国公司意识到了中国粮食市场的重要地位，投入大量资金在华成立研发机构，试图研发一些适合我国土壤、气候等的种子，提升我国农产品加工的价值增值。因而，具有一定的积极作用。

总而言之，在粮食种植和贸易方面，农业跨国公司抢占了我国大部分市场，不利于我国粮食企业的发展，加深了我国农户对其的依赖，对我国粮食安全构成了威胁。然而，在育种、粮食加工及其 R&D 领域，农业跨国公司的进入却犹如一把"双刃剑"。既加剧了与我国粮食企业在育种和加工方面的竞争，又有利于培育适合我国土壤、气候的种子，提升我国农产品深加工的价值。

二、启示

跨国粮商和跨国种业公司对我国粮食安全的影响不容忽视。一方面，我国可以通过宏观调控提高大豆、玉米等粮食的种植面积，增加粮食产量，减少对农业跨国公司粮食进口的依赖。另一方面，我国农业企业应加大研发投入，提高育种能力和农产品深加工能力。特别是在种业，我国农业企业应充分借助我国的政策优势与农业跨国公司建立合资企业，通过人员流动、技术许可、员工培训等多种渠道，展开联合研发，并致力于培育自己的种子品种、品牌，积极服务我国种子市场。在农产品深加工领域，不仅通过跨国公司的示范效应，借助人员流动等多种途径吸收知识外溢；而且要加强自身研发能力的培养，提升我国粮食深加工水平。

我国种业仍处于发展的初级阶段，农作物育种创新能力不足、种业产业集中度不高、种子市场监管能力较低等问题仍然存在。在跨国种业在华 FDI 的情况下，我国迫切需要培育一批具有国际竞争力的种子企业，建立一批我国农户信得过种子品牌，以改善我国种业当前品种杂多、企业小散、种子假冒伪劣等不良现象。当然，这一切也有赖于我国种业发展机制的不断完善。现在，我国的种子研发企业多为科研单位办的公司，在市场运作方面还有待进一步地完善。同时，应采取措施鼓励民营企业通过正规渠道获取种子资源开展研发。通过以上措施逐步推动我国农业现代化、国际化的发展。

参 考 文 献

[1] 谭力文、吴先明、陈立敏、李梅、秦仪:《国际企业管理》, 武汉大学出版社 2010 年版。

[2] Dunning, J. H., 1993, Multinational enterprises and the global economy, Wokingham: Addison Wesley.

[3] Dunning, J. H., 2004, "An evolving paradigm of the economic determinants of international business activity", In J. L. C. Cheng & M. A. Hitt (eds.). Managing multinationals in a knowledge economy: Economics, culture, and human resources, Vol. 15: 3-27. Amsterdam: Elsevier.

[4] Dunning, J. H., 2009, "Location and the multinational enterprise: John Dunning's thoughts on receiving the Journal of International Business Studies 2008 Decade Award", *Journal of International Business Studies*, Vol. 40, No. 1, pp. 20-34.

[5] Henisz, W. J., 2003, "The power of the Buckley and Casson thesis: The ability to manage institutional idiosyncrasies", *Journal of International Business Studies*, Vol. 34, No. 2, pp. 173-184.

[6] Hymer, S., 1960, The international operations of national firms: A study of direct investment, Cambridge, MA: MIT.

[7] Jones, G., 1996, The evolution of international business. London: Routledge.

[8] Jones, G., 2005, Multinationals and global capitalism: From the nineteenth to the twenty-first century, Oxford: Oxford University Press.

[9] Maitland,E. And E. Nicholas, 2003, New institutional economics: An organizing framework for OLI. In J. Cantwell & R. Narula (eds.). International business and the eclectic paradigm. 47-73. London and New York: Routledge.

[10] Noorderhaven, N. G. and A. W. Harzing, 2003, "The 'country-of-origin effect' in multinational corporations: Sources, mechanisms and moderating conditions", *Management International Review*, Vol. 43, No. 2, pp. 47-66.

[11] Peng,M. W., Wang, D. Y. L. And Y. Jiang, 2008, "An institution-based view of international business strategy: A focus on emerging economies", *Journal of International Business Studies*, Vol. 39, pp. 920-936.

[12] Peng,M. W., 2002, "Towards an institution-based view of business strategy", *Asia Pacific Journal of Management*, Vol. 19, No. 2-3, pp. 251-267.

[13] Peng,M. W. 2003, "Institutional transitions and strategic choices", *Academy of Management Review*, Vol. 28, No. 2, pp. 275-296.

[14] Rodrik,D., Subramanian, A. And F. Trebbi, 2002, "Institutions rule: The primacy of institutions over geography and integration in economic development", Cambridge, MA, NBER Working Papers: 9305.

[15] Scott,W. R., 2001, Institutions and organizations, 2nd ed. Thousand Oaks, CA: Sage.

[16] Buckley,P. J., Forsans, N. and S. Munjal, 2012, "Host-home country linkages and host-home country specific advantages as determinants of foreign acquisitions by Indian firms", *International Business Review*, Vol. 21, pp. 878-890.

[17] Kafouros, M. I., Buckley, P. J. and Clegg, J., 2012, "The effects of global knowledge reservoirs on the productivity of multinational enterprises: The role of international depth and breadth", *Research Policy*, Vol. 41, pp. 848-861.

[18] Buckley, P. J., Cross, A. R. and S. A. Horn, 2012, "Japanese foreign direct investment in India: An institutional theory approach", *Business History*, Vol. 54, pp. 657-688.

[19] Buckley, P. J., Horn, S. A., Cross, A. R. and J. Stillwell, 2013, "The spatial redistribution of Japanese direct investment in the United Kingdom between 1991 and 2010", *Business History*, Vol. 55, pp. 405-430.

[20] Liesch, P. W., Buckley, P. J., Simonin, B. L. and G. Knight, 2012, "Organizing the Modern Firm in the Worldwide Market for Market Transactions", *Management International Review*, Vol. 52, pp. 3-21.

[21] Buckley, P. J., Elia, S. and M. Kafouros, 2014, "Acquisitions by emerging market multinationals: Implications for firm performance", *Journal of World Business*, Vol. 49, pp. 611-632.

[22] Buckley, P. J. and N. Hashai, 2014, "The role of technological catch up and domestic market growth in the genesis of emerging country based multinationals", *Research Policy*, Vol. 43, pp. 423-437.

[23] Narula, R. and J. H. Dunning, 2010, "Multinational Enterprises, Development and Globalization: Some Clarifications and a Research Agenda", *Oxford Development Studies*, Vol. 38, pp. 263-287.

[24] 张光曦：战略联盟不稳定成因分析与演化方向预测，《外国经济与管理》2013 年第 8 期。

[25] 马迎贤：资源依赖理论的发展和贡献评析，《甘肃社会科学》2005 年第 1 期。

[26] 蔡新蕾、高山行、杨燕：企业政治行为对原始性创新的影响研

究——基于制度视角和资源依赖理论,《科学学研究》2013 年第 2 期。

[27] 黄玉杰、刘自敏：战略联盟运作管理的理论基础探析——交易成本理论、资源依赖理论以及关系契约理论的结合,《生产力研究》2005 年第 6 期。

[28] Hillman, A. J., Withers, M. C., & Collins, B. J. 2009. Resource dependence theory: A review. *Journal of Management*, 35: 1404-1427.

[29] Pfeffer, J., & Salancik, G. R. 1978. The external control of organizations: A resource dependence perspective. New York, NY: Harper & Row.

[30] Pfeffer, J., & Salancik, G. R. 2003. The external control of organizations: A resource dependence perspective (2nd ed.). Stanford, CA: Stanford University Press.

[31] Casciaro, T., & Piskorski, M. J. 2005. Power imbalance, mutual dependence, and constraint absorption: A closer look at resource dependence theory. *Administrative science Quarterly*, 50: 167-199.

[32] Xia, J. 2011. Mutual dependence, partner substitutability, and repeated partnership: the survival of cross-border alliances. *Strategic Management Journal*, 32 (3): 229-253.

[33] Ulrich, D., & Barney, J. B. 1984. Perspectives in organizations: Resource dependence, efficiency, and population. *Academy of Management Review*, 9: 471-481.

[34] Heeley, M. B., King, D. R., & Covin, J. G. 2006. Effects of firm R&D investment and environment on acquisition likelihood. *Journal of management studies*, 43: 1513-1535.

[35] Katila, R., Rosenberger, J. D., & Eisenhardt, K. M. 2008. Swimming with sharks: Technology ventures, defense mechanisms

and corporate relationships. *Administrative science Quarterly*, 53: 295-332.

[36] Ellstrand, A. E. , Tihanyi, L. , & Johnson, J. L. 2002. Board structure and international political risk. *Academy of Management Journal*, 45: 769-777.

[37] Peng, M. W. 2004. Outside directors and firm performance during institutional transitions. Strategic Management Journal, 25: 453-471.

[38] Aitken, B. J. and A. E. Harrison. Do Domestic Firms Benefit from Direct Foreign Investments? Evidence from Venezuela" [J] . *American Economic Review*, 1999, (89): 605-618.

[39] Branstetter, L. G. and J. Chen. The Impact of Technology Transfer and R&D on Productivity Growth in Taiwanese Industry: Microeconometric Analysis using Plant and Firm-level Data [J] . *Journal of the Japanese and International Economies*, 2006, (20): 177-192.

[40] Bronzini, R. and P. Piselli. Determinants of Long-run Regional Productivity with Geographical Spillovers: The Role of R&D, Human Capital and Public Infrastructure [J] . *Regional science and Urban Economics*, 2009, (39): 187-199.

[41] Damijan, J. P. , Knell, M. , Majcen, B. and M. Rojec. The Role of FDI, R&D Accumulation and Trade in Transferring Technology to Transition Countries: Evidence from Firm Panel Data for Eight Transition Countries [J] . *Economic Systems*, 2003, (27): 189-204.

[42] De la Tour, A. , Glachant, M. And Y. Ménière. Innovation and International Technology Transfer: The Case of the Chinese Photovoltaic Industry [J] . *Energy Policy*, 2011, (39): 761-770.

[43] Driffield, N. . The Impact on Domestic Productivity of Inward Investment in the UK [J] . *The Manchester School*, 2001, (69): 103-119.

[44] Görg, H. and D. Greenaway. Much Ado about nothing? Do Domestic Firms really Benefit from Foreign Direct Investment? [J]. *The World Bank Research Observer*, 2004, (19): 171-197.

[45] Grossman, G. M. and E. Helpman. Trade, Knowledge Spillovers and Growth [J]. *European Economic Review*, 1991, (35): 517-526.

[46] Haddad, M. and A. Harrison. Are there Positive Spillovers from Direct Foreign Investment? Evidence from Panel Data for Morocco [J]. *Journal of Development Economics*, 1993, (42): 51-74.

[47] Hoekman, B. M., Maskus, K. E. and K. Saggi. Transfer of Technology to Developing Countries: Unilateral and Multilateral Policy Options", *World Development*, 2004, (33): 1587-1602.

[48] Hu, A. G. Z.. Ownership, Government R&D, Private R&D, and Productivity in Chinese Industry [J]. *Journal of Comparative Economics*, 2001, (29): 136-157.

[49] Hu, A. G. Z. and G. H. Jefferson. FDI Impact and Spillover: Evidence from China's Electronic and Textile Industries [J]. *The World Economy*, 2002, (25): 1063-1076.

[50] Keller, W.. International technology diffusion [J]. *Journal of Economic Literature*, 2004, (42): 752-782.

[51] Konings, J.. The Effects of Foreign Direct Investment on Domestic Firms: Evidence from Firm-level Panel Data in Emerging Economics [J]. *Economics of Transition*, 2001, (9): 619-633.

[52] Kuo, C. C. and C. H. Yang. Knowledge Capital and Spillover on Regional Economic Growth: Evidence from China [J]. *China Economic Review*, 2008, (19): 594-604.

[53] Lee, G.. The Effectiveness of International Knowledge Spillover Channels [J]. *European Economic Review*, 2006, (50): 2075-2088.

[54] Lin, S. and A. C. Ma. Outsourcing and Productivity: Evidence from

Korean Data [J]. *Journal of Asian Economics*, 2012, (23): 39-49.

[55] Lucas, R. E.. On the Mechanics of Economic Development [J]. *Journal of Monetary Economics*, 1998, (22): 3-42.

[56] Madden, G. and S. J. Savage. R&D Spillovers, Information Technology and Telecommunications, and Productivity in ASIA and the OECD [J]. *Information Economics and Policy*, 2000, (12): 367-392.

[57] O'Mahony, M. and M. Vecchi. R&D, Knowledge Spillovers and Company Productivity Performance [J]. *Research Policy*, 2009, (38): 35-44.

[58] Romer, P. M.. Growth Based on Increasing Returns due to Specialization [J]. *American Economic Review*, 1987, (77): 56-62.

[59] Romer, P. M.. Endogenous Technological Change [J]. *Journal of Political Economy*, 1990, (98): 71-102.

[60] Todo, Y.. Knowledge Spillovers from Foreign Direct Investment in R&D: Evidence from Japanese Firm-level Data [J]. *Journal of Asian Economics*, 2006, (17): 996-1013.

[61] Wakelin, K.. Productivity Growth and R&D Expenditure in UK Manufacturing Firms [J]. *Research Policy*, 2001, (30): 1079-1090.

[62] Xu, X. and Y. Sheng. Productivity Spillovers from Foreign Direct Investment: Firm-level Evidence from China [J]. *World Development*, 2011, (40): 62-74.

[63] Yasar, M. And C. J. M. Paul. International Linkages and Productivity at the Plant Level: Foreign Direct Investment, Exports, Imports and Licensing [J]. *Journal of International Economics*, 2007, (71): 373-388.

［64］靳涛、褚敏：FDI 与政府 R&D 投入对增长的带动效应与溢出效应比较研究，《经济学家》2011 年第 12 期。

［65］马明申：美国对华直接投资的经济增长效应分析，《国际贸易问题》2007 年第 4 期。

［66］孙敬水、岳牡娟：我国 R&D 投入与经济增长实证研究——基于 Panel Data 模型分析，《科技管理研究》2009 年第 7 期。

［67］王成岐、张嫚：外商直接投资对中国制造业内资企业绩效的影响，《世界经济》2005 年第 9 期。

［68］吴先明：我国企业跨国并购中的逆向知识转移，《经济管理》2013 年第 1 期。

［69］赵奇伟、张诚：FDI 溢出效应与区域经济增长：基于东道国要素市场发展的理论视角及中国经验，《世界经济研究》2007 年第 7 期。

［70］Behra, S. R., 2010. Foreign Direct Investment and Export Competitiveness: An Analysis of Food Processing Industry of India. Paper submitted to University of Deli.

［71］Sawant, A., 2014. Strength and weaknesses of Indian agriculture sector in the era of globalization, Procedia -Social and Behavioral Sciences, Vol. 133, pp. 28-37.

［72］Zhang, K. H., 2015. What Drives Export Competitiveness? The Role of FDI in Chinese Manufacturing, Contemporary Economic Policy, Vol. 33, No. 3, pp. 499-512.

［73］王志伟、侯艺：外商直接投资对中国出口的促进作用：2000-2008 基于贸易引力模型的分析，《社会科学研究》2011 年第 6 期。

［74］文东伟、冼国明、马静：FDI、产业结构变迁与中国的出口竞争力，《管理世界》2009 年第 4 期。

［75］邱立成、刘文栋：FDI 影响我国出口竞争力的路径探析，《现代管理科学》2014 年第 5 期。

[76] 刘艳、黄苹：生产者服务进口、FDI 与制造业出口竞争力实证分析，《重庆大学学报（社会科学版）》2015 年第 3 期。

[77] 宋红军：外商直接投资对中国内资企业出口竞争力的影响研究，《首都经济贸易大学学报》2012 年第 2 期。

[78] Buckley, P. J., Clegg, J., Wang, C., 2002. The Impact of Inward FDI on the Performance of Chinese Manufacturing Firms, Journal of International Business Studies, Vol. 33, No. 4. (4th Qtr), pp. 637-655.

[79] 陈斌开、万晓莉、傅雄广：人民币汇率、出口品价格与中国出口竞争力——基于产业层面数据的研究，《金融研究》2010 年第 12 期。

[80] 刘柏、张艾莲：中国汇率与出口竞争力的协动变化，《当代经济研究》2013 年第 1 期。

[81] Zia, U., Mahmood, Z., 2013. Exchange rate depreciation and export price competitiveness: the case of Pakistani manufacturing industries, *Journal of the Asia Pacific Economy*, Vol. 18, No. 4, pp 529-542.

[82] Branstetter, L., Lardy, N., 2006. China's Emergence of Globalization, NBER Working Paper No. 12373.

[83] 李大鹏：法国家族企业的发展现状及中法家族企业的治理模式对比分析，《法国研究》2011 年第 3 期。

[84] 赵旭：法国对华直接投资与中法贸易之间关系的实证研究，重庆工商大学硕士论文，2009 年。

[85] 商务部. 中国商务统计年鉴 2008. 北京：中华人民共和国商务部.

[86] Kang Y. F., Jiang F. M.. FDI location choice of Chinese multinationals in East and Southeast Asia: Traditional economic factors and institutional perspective [J]. *Journal of World Business*, 2012 (47): 45-53.

［87］肖兴志、韩超：规制改革是否促进了中国城市水务产业发展？——基于中国省际面板数据的分析，《管理世界》2011 年第 2 期。

［88］王芬、王俊豪：中国城市水务产业民营化的绩效评价实证研究，《财经论丛》2011 年第 9 期。

［89］孙茂颖：我国水务产业市场准入问题研究，《经济与管理》2013 年第 5 期。

［90］Jiang, W., Lee, D. and Choi, J., 2014. "Identifying the Strengths, Weakness, Opportunities and Threats to TOT and Divestiture business models in China's water market", *International Journal of Project Management*, Vol. 32, pp. 298-314.

［91］Choi, J., Chung, J. and Lee, D., 2010. "Risk Perception Analysis: Participation in China's Water PPP market", *International Journal of Project Management*, Vol. 28, pp. 580-592.

［92］Pinsent Masons water yearbook 2012-2013.

［93］Zaheer, A. and Hernandez, E., 2011. "The geographic scope of the MNC and its alliance portfolio: Resolving the paradox of distance", *Global strategy Journal*, Vol. 1: pp. 109-126.

［94］Stehr, C., 2010. "Globalization strategy for small and medium-sized enterprises", *International Journal of Entrepreneurship and Innovation Management*, Vol. 12: pp. 375-391.

［95］Choi, S. B., Lee, S. H. and Williams, C., 2011. "Ownership and firm innovation in transition economy: Evidence from China", *Research policy*, Vol. 37: pp. 530-544.

［96］Nachum, L. and Song, S., 2011. "The MNE as a portfolio: Interdependencies in MNE growth trajectory", *Journal of international business studies*, Vol. 42: pp. 381-405.

［97］Qian, G., Khoury, T. A., Peng, M. W. and Qian, Z., 2010.

"The performance implications of intra-and inter-regional geographic diversification ", *Strategic Management Journal*, Vol. 31: pp. 1018-1030.

[98] Zhang, Y., Li, H., Li, Y. and Zhou, L. A., 2010. " FDI spillovers in an emerging market: The role of foreign firms' country origin diversity and domestic firms' absorptive capacity ", *Strategic management Journal*, Vol. 31: pp. 969-989.

[99] Appelbaum, S. A., Roy, M., Gilliland, T., 2011. Globalization of performance appraisals : Theory and applications. *Management decision*, 49: 570-585.

[100] Ralson, D. A., Holt, D. H., Terpstra, R. H., Cheng, Y. K., 2008. The impact of national culture and economic ideology on managerial work values: A study of the United States, Russia, Japan, and China, *Journal of International Business Studies*, 39: 8-26.

[101] Zaheer, S., Nachum, L., 2011. Sense of place: From location resources to MNE locational capital. *Global strategy Journal*, 1: 96-108.

[102] Guimaraes-Costs, N., Cunha, M. P. E., 2009. Foreign locals: A liminal perspective of international managers, *Organizational Dynamics*, 38: 158-166.

[103] Zaheer, A., Hernandez, E., 2011. The geographic scope of the MNC and its alliance portfolio: Resolving the paradox of distance. *Global strategy Journal*, 1: 109-126.

[104] Stehr, C., 2010. Globalization strategy for small and medium-sized enterprises, *International Journal of Entrepreneurship and Innovation Management*, 12: 375-391.

[105] Rugman and Verbeke, 2008. A regional solution to the strategy and

structure of multinationals, *European Management Journal*, 26: 305-313.

[106] Ko, E., Taylor, C. R., Sung, H., Lee, J., Wagner, U., Martin-Consuega Navarro, D., Wang, F., 2011. Global marketing segmentation usefulness in the sportswear industry, *Journal of business research*.

[107] Choi, S. B., Lee, S. H., Williams, C., 2011. Ownership and firm innovation in transition economy: Evidence from China. Research policy, 37: 530-544.

[108] Shimizutani, S., Todo, Y., 2008. What determines overseas R&D activities? The case of Japanese multinational firms. *Research Policy*, 37: 530-544.

[109] Nachum, L., Song, S., 2011. The MNE as a portfolio: Interdependencies in MNE growth trajectory. *Journal of international business studies*, 42: 381-405.

[110] Qian, G., Khoury, T. A., Peng, M. W., Qian, Z., 2010. The performance implications of intra-and inter-regional geographic diversification. *Strategic Management Journal*, 31: 1018-1030.

[111] Zou, H., Ghauri, P. N., 2009. Learning through international acquisitions: The process of knowledge acquisition in China, *Management International Review*, 48: 207-226.

[112] Zhang, Y., Li, H., Li, Y., Zhou, L. A., 2010. FDI spillovers in an emerging market: The role of foreign firms' country origin diversity and domestic firms' absorptive capacity. *Strategic management Journal*, 31: 969-989.

[113] Song, J., Shin, J., 2008. The paradox of technological capabilities: A study of knowledge sourcing from host countries of overseas R&D operations, *Journal of International business studies*,

39：291-303.

[114] Krugman, P., 1991. Increasing returns and economic geography. *Journal of political economy*, 99：483-499.

[115] 潘菁、贺燕萍：外资水务对我国城市水务产业安全的影响研究，《中国城市经济》2011 年第 20 期。

[116] 陈超、张明杨：禁止我国转基因大豆进口贸易的福利变动与虚拟耕地的分析——基于 Stackelberg 均衡，《国际贸易问题》2013 年第 9 期。

[117] 林大燕、朱晶、吴国松：季节因素是否影响了我国大豆进口市场格局——基于拓展 H-O 模型的理论分析与实证检验，《国际贸易问题》2014 年第 3 期。

[118] 程国强：中国农业对外开放：影响、启示与战略选择，《中国农村经济》2012 年第 3 期。

[119] 朱松梅：城市水业国际化及其问题，《城市问题》2007 年第 7 期。

[120] 李淑芬：对外资水务企业"高溢价"策略的原因分析，《商场现代化》2008 年第 10 期。

[121] 侯世军：基础设施产业外资问题研究，《国际经济与合作》2009 年第 8 期。

[122] 贺宁华：外资水务进入中国市场的运营与盈利模式分析，《对外经贸实》2009 年第 12 期。

[123] Abbott, M., Wang, W. and Cohen, B., 2011. "The long-term reform of the water and wastewater industry: The case of Melbourne in Australia", *Utilities Policy*, Vol. 19, pp. 115-122.

[124] March, H. and Purcell, T., 2014. "The muddy waters of financialisation and new accumulation strategies in the global water industry: The case of AGBAR", *Geoforum*, Vol. 53, pp. 11-20.

[125] Reynaud, A. and Thomas, A., 2013. "Firm's profitability and

[125] regulation in water and network industries: An empirical analysis", *Utilities Policy*, Vol. 24, pp. 48-58.

[126] Sawkins, H. W., 2012. "The introduction of competition into the Scottish Water industry", *Utilities Policy*, Vol. 20, pp. 22-30.

[127] Stern, J., 2010. "Introducing competition into England and Wales water industry e Lessons from UK and EU energy market liberalisation", *Utilities Policy*, Vol. 18, pp. 120-128.

[128] Stern, J., 2012. "System Operators in the England and Wales Water Industry: Lessons from US and EU Energy Industry Experience", *The Journal of Economic Asymmetries*, Vol. 9, pp. 133-172.

[129] 任静、宋敏：跨国公司研发对我国农业技术创新影响,《科技进步与对策》2012年第4期。

[130] 任静、刘丽军、宋敏：跨国公司在我国农业领域的技术锁定策略与对策研究,《中国软科学》2012年第1期。

[131] 冯志坚、肖黎：论跨国公司促进发展中国家农业技术进步途径,《前沿》2011年第3期。

[132] 王帅：农业跨国公司对中国农业的投资：现状、问题与建议,《中国流通经济》2012年第1期。

[133] 潘宇：跨国公司对中国农业投资问题初探,《中国商界》2010年第6期。

[134] 王永刚：浅析跨国公司进入对中国农业食品业的影响,《江苏商论》2010年第6期。

[135] 徐燕：跨国公司投资我国农业的现状、问题与对策,《经济纵横》2008年第5期。

[136] 张菲：农业跨国公司典型特征,《中国外资》2013年第3期。

[137] 王帅、王蜜：大型农业跨国公司进入与中国粮食安全,《中国城市经济》2011年第21期。

[138] 陆慧：发展中国家的粮食安全评价指标体系建立，《对外经贸实务》2008 年第 3 期。

[139] 尹成杰：农业跨国公司与农业国际化的双重影响，《农业经济问题》2010 年第 3 期。